青春文庫

ひとつ上のビジネス教養

モノの由来
世にも意外な「はじまり」の物語

知的生活追跡班[編]

青春出版社

はじめに

毎日、時間に追われる生活をしていると、気になることがあってもスルーしてしまう。だが、ちょっとだけ足を止めて、モノの由来に目を向けてみよう。

たとえば、食品サンプルや内視鏡が生まれた背景を知るだけで、日本人独特の文化や考え方がそこにあることがわかる。それがどうして生まれたのか、今はどうなっているのかを知れば、知的な刺激があるはずだ。

それだけではない。さまざまな分野の知識が増えることで、日常生活やビジネスでの知識の幅が広がってくる。新しいアイデアや考え方も生まれてくる。

本書は、世界を変えた大ヒット商品の誕生から、奥深き「食」の源流、行事としきたりの起源の謎まで、ルーツを楽しみ尽くす一冊だ。ページをめくると、世にも意外な「はじまり」の物語が待っている。

２０２４年12月

知的生活追跡班

1章 テクノロジー、ヒット商品、新サービスの起源とは？ 11

3章 街で目にするあれこれは、いったいどこで生まれたか　59

4章

大人の教養としての奥深き食のルーツ

5章 身近なモノのいまだ解けない謎の「はじまり」を追う 129

制作◆新井イッセー事務所
DTP◆フジマックオフィス

1章

テクノロジー、ヒット商品、新サービスの起源とは?

掃除機の歴史を変えた「サイクロン掃除機」のインパクト

「吸引力の変わらない、ただひとつの掃除機」。

こんなフレーズとともに日本でも大ヒットしたのがサイクロン掃除機だ。この海外メーカーのおしゃれな掃除機は、たちまち人気となって市場を席巻した。しかし、その掃除機と日本との間には開発当時からの浅からぬ因縁がある。

それまでの家庭用掃除機は、集塵用パックをセットして吸い込んだごみを集める仕組みになっていたため、定期的なパックの交換が必要だった。

なにより、集塵用パックにごみが溜まってくると空気の通り道が目詰まりしてしまう。吸引力が低下してしまうのは避けがたいことで、毎日の掃除に対する小さな不満となっていた。

１９０２（明治35）年に掃除機が発明されて以来、その仕組みは長い間変わっていなかった。そこに大きな変革をもたらしたのが、イギリスのジェームズ・ダイソンだ。ダイソンは新型のボートや車輪の代わりにボールを利用した手押し車などを開発した気鋭の発明家だった。

ある工場を訪れていたダイソンは、工場の屋根の上に見える装置をいくつもスケッチして自宅に戻った。

ダイソンが注目したのは、サイクロン掃除機の原理に使われた工業用集塵機だ。遠心分離を利用して工場内の空気中に浮遊している粉塵を集めて除去する役割を担っていたのだ。

この装置を見たダイソンは、自分の工場にも使いたいと考えた。そしてスケッチをもとに集塵機を作り、塗装用のペンキを吹きつける時に浮遊する霧状の塗料を集めることに成功した。

次にダイソンは、この仕組みを家庭用の掃除機に応用できないかと考えた。

厚紙で集塵装置を作り、自宅で使用していた掃除機と組み合わせてみると、期待通りにごみを吸い取ってくれた。１９７８（昭和53）年にダイソンが製造したこの試作品が、世界初の集塵用パック不要のサイクロン掃除機の原型となるのである。

そして１９８３（昭和58）年には、サイクロン掃除機「G-Force」のデザインが雑誌で紹介された。この時は斬新なデザインで注目はされたが、しかし製品化にはなかなかこぎつけられなかった。その製品化の立役者となったのが、日本のプロダクトデザイナーと輸入会社だったのだ。

来日したダイソンは、日本の技術をフルに活かしてG-Forceの製品化に成功した。日本で１９８６（昭和61）年に発売されたG-Forceは「南フランスのプロバンス地方の朝の光」を表したピンク色で、それまでの掃除機とは一線を画したデザインとなった。

当時の価格は約20万円と高額だったが、おしゃれな雰囲気に流行りもの好きの日本人が飛びついた。バブル経済真っ盛りの好景気に沸いていた日本で、G-Forceはなかなかの売れ行きをみせたという。

１９９３（平成5）年に発売された「DC01」は、現行機に採用されているデュアル・サイクロン式モデルだ。スリムなスタイルと従来の掃除機とは様変わりした斬新なデザインに人気は急騰し、日本やイギリスのみならず世界中に広まった。

今では他メーカーの製品も増え、サイクロン掃除機は掃除機のジャンルの一大勢力として市民権を得たのである。

日本初「ウォシュレット」が世界を席捲するまでの意外な経緯

日本を訪れた外国人旅行者が感動するもののひとつが、日本のトイレの清潔さだ。特にウォシュレットは、たとえ高額でも自分の家に取り付けたいという人も多いという。

東南アジアなどには、トイレットペーパーの代わりに水で洗うというスタイルの国もあるが、あくまでも手作業だ。自動温水洗浄便座であるウォシュレットは当然、日本で初めて製造されている。しかし、そもそものルーツはアメリカにあったのである。

ウォシュレットの原型はアメリカン・ビデ社が製造していた医療用のウォッシュエアシートだ。それが１９６３（昭和38）年に商社を通じて、トイレや浴室などの住宅設備機器を製造・販売する日本の東洋陶器株式会社（現ＴＯＴＯ）に持ち込まれたことがすべてのはじまりだった。

持ち込まれた器具を見た担当者は、痔を患う人などからのニーズがあると判断して国内で販売することを決定した。しかし、器具自体が小さく、温水になるのにも時間がかかってしまう。水が出る角度も不安定で、使い勝手が悪かった。そのため、販売数はほとんど伸びなかった。

やはり日本人に受け入れられるためには、日本で開発するしかないということで、開発担当チームの研究が始まったのは１９７８（昭和53）年頃だ。ウォッシュエアシートに寄せられていたクレームをヒントにして、ほとんど20代で構成されていたチームの社員たちが実験台となり、開発を進めた。

細かいデータを収集し、実験を繰り返し、最適な温度、最適な角度などが徐々に見えてきた。そして2年後の1980（昭和55）年、世界初の自動温水洗浄便座「ウォシュレット」が発売されたのである。

またたく間に日本で普及したウォシュレットは、現在では世界18の国や地域で販売されている。地域別に見ても販売台数は伸びる一方だ。アメリカでも2015（平成27）年と2021（令和3）年を比較すると、4倍以上という販売台数の増加を見せている。

TOTOの開発チームの執念が、アメリカで生まれた医療器具を誰でも使える日用品に進化させ、世界中の衛生環境の向上につなげたのである。

〝珍発明〟から大ヒットへ――「自撮り棒」をめぐる〝はじまり〟の物語

インスタグラムなどで写真を投稿する人に欠かせない器具といえば、自撮り棒だ。これさえあれば1人でも自分の写真を思うように撮影することができる。

カップルやグループにとっても、好きな角度で〝盛れる〟写真を撮れることで、若者ならもはや誰もが1本は持っているという状態だ。１００円ショップなどにも手ごろな価格の製品が並んでおり、気軽に購入することができる。

この自撮り棒は、日本のカメラメーカーの技術者が開発したものだ。ミノルタの技術者だった上田宏は、１９８３（昭和58）年に軽量カメラに伸縮棒が付いたものを開発、販売開始した。月産10万台となかなかの売上げをあげたものの、画質があまり良くなかったため数年で販売停止となっている。

これがまさに自撮り棒であり、今や世界中で広く使われるところとなった。開発者である上田やミノルタには開発特許でかなりの儲けがあったのではと思うかもしれないが、実はここに悲劇があった。

自撮り棒を開発した時、日本では１９８３年に、アメリカでも１９８５（昭和60）年に特許を取得している。しかし、自撮り棒が大流行し始めたのは２０１３（平成25）年頃のインドネシアのジャカルタからだといわれ、特許権がすでに切れている時期だったのだ。

開発者の上田は「その技術の流行が遅くなると経済効果は薄くなる。早すぎる『午前3時の発明』だったが、世界に先駆けたのは嬉しい」と出身大学である静岡大学のリレーエッセイに投稿している。

発明当初は、「珍発明」扱いだったという自撮り棒だが、２０１４（平成26）年にはアメリカの雑誌「ＴＩＭＥ」でヒット商品のひとつとして紹介され、今では世界中で利用されているといっても過言ではない。

早すぎた悲劇という側面はあるが、世界の撮影シーンに大きな変化をもたらした大発明であったことは、その人気ぶりが証明しているのである。

「内視鏡」の誕生が観察を可能にした身体の中のもう一つの世界

日本は世界有数のがん大国である。今や2人に1人はがんに罹るともいわれており、特に胃がんの罹患率は世界でもトップクラスだ。

もちろん早期発見できれば、がんは治らない病気ではないが、そこで大きな役割を果たすのが内視鏡である。

内視鏡の原型は古代ローマ時代にまでさかのぼる。この頃は移動に馬を使っていたせいか、痔を患う人が多かった。紀元1世紀のポンペイの遺跡からは、おもに肛門を覗くための「スペクラ」と呼ばれる医療器具が発掘されている。

現在の形に通じるものが出現したのは19世紀のことで、オーストリアのボッチーニが、ろうそくの灯りを用いた導光器を開発し、体内の観察を試みた。「内視鏡」という名前で実用化したのはフランスのデゾルモーである。1853（嘉永6）年にアルコールとテレピン油の混合液によるランプの光を利用した器具で、尿道や膀胱、直腸などの検査を行った。

そして今度は、ドイツのクスマウルがこのランプと筒を用いて、初めて人間の胃の中を見た。筒は直径13ミリメートルのまっすぐな金属製のものだったため、被験者にはふだんから剣などを飲み込むことに慣れている大道芸人が選ばれたという。

さらに、屈曲する内視鏡は1932（昭和7）年に初めてドイツのシンドラーが開発した。直径11ミリ、長さ75センチの管でできている軟性胃鏡で、先端の近くの3分の1が30度まで曲がり、管の内部に多数のレンズを配したものだった。

こうして医療先進国のドイツで少しずつ発展してきた内視鏡だったが、現在の形に近づけたのは意外にも日本である。

1949（昭和24）年、東京大学の宇治達郎が、オリンパス光学工業（現オリンパス）に患者の胃の中に挿入して撮影可能な内視鏡の開発を持ちかけた。そして同社の協力を得て翌年に完成したのが、いわゆる「胃カメラ」である。

試作1号機は軟性管の先端に撮影レンズをつけたもので、幅6ミリの白黒フィルムを搭載、手許の操作でフラッシュ撮影することができた。その後、東京大学とオリンパスが協力し、レンズや光源、本体の材質などを改良した。

特に1960年代にアメリカで開発されたグラスファイバーは課題の多くを解決した。安全なガラス繊維の束なら曲がっていても光が届く。こうして1964（昭和39）年、先端に〝眼〟が付いたファイバースコープの「胃カメラ」が誕生したのである。

その後も、テレビモニターに映像を送り込むビデオスコープや、先端に超音波を発信する振動子を取り付けた超音波内視鏡などが開発され、技術は着実に進歩した。

胃だけでなく、大腸、十二指腸、気管支などのほか、腹腔への使用も一般的になり、今では内視鏡で検査だけでなく手術や治療を行えるようになった。

オリンパスによる消化器内視鏡の世界シェアは今では70パーセントにのぼる。患者の負担を軽減しつつ、より高性能になった現代の内視鏡は、世界中の人の健康維持に欠かせない存在なのである。

ビッグイベントの想定外のハプニングが、「YouTube」を産んだ

子どもからお年寄りまで、今では誰もが当たり前に楽しんでいるYouTubeだ

が、意外とその成り立ちは知られていない。

YouTubeの発祥はアメリカで、今も本社は創業の地であるカリフォルニア州にある。創業者は、チャド・ハーリー、スティーブ・チェン、ジョード・カリムの3人で、一般的には「仲間とのパーティーで撮った映像を共有したいと感じたことがきっかけ」だとされているが、実は理由は別のところにもあった。

それは2004（平成16）年、全米ナンバーワンのビッグイベントである「スーパーボウル」において、シンガーソングライターのジャネット・ジャクソンがパフォーマンスを披露した時のことだ。

激しいダンスとともにステージで歌うジャネットの衣装がはだけ、バストが露出した映像が全米に流れてしまったのだ。

このハプニングは、当時のアメリカ世論を揺るがす大きな〝事件〟となったのだが、このニュースを知ったカリムがネットで動画を探そうとしてもなかなか見つからなかった。この体験によって、動画を共有するサービスのアイデアを思いついたという。

それを同じ会社の従業員だったハーリーとチェンに持ちかけ、３人で「YouTube」を設立した。ちなみにTubeはアメリカでは、ブラウン管のテレビを指すのに使われる言葉である。

当初は、動画を使った出会い系サービスのようなものを目論んでいたが、思うようにいかず、誰でも投稿できるサイトにシフトした。

最初にアップロードしたのは「Me at the zoo」という、サンディエゴ動物園にいるカリムを友人が写したわずか19秒の動画で、これは今も閲覧することができる。

カリムはその後、学業に専念するために経営からはずれたが、残りの２人がサービスを広げ、翌年には当時ブラジル代表だったサッカー選手のロナウジーニョが出演したナイキの広告動画が初めて１００万再生を達成した。

だが、いくら人気が出てもサーバーの回線コストだけで膨大な出費があり、収益をあげるまでには至らない。著作権の問題も少数精鋭ではとても解決しきれなかった。

そんな問題に悩んでいたさなかのYouTubeに、買収を持ち掛けたのはGoogleだった。

GoogleもまたYouTube動画配信市場への進出を狙っており、YouTubeというメディアはまさにうってつけだった。つまり、両社にとってはWin-Winの関係だったというわけである。

そして2006（平成18）年、YouTubeはGoogleの買収契約に応じた。創業からわずか2年足らずで買収額が約1950億円にのぼったのは、このサービスの将来性に対する期待でもあるが、実はGoogleのほかにYahoo!やMicrosoftも買収に乗り出しており、おのずと額が吊り上がったともいわれている。

昨今「YouTuber」が子どもが憧れる職業のひとつになるほど認知されたのはいうまでもない。今後も誰もが閲覧でき、また発信できるプラットフォームとして、さらに存在感を増していくに違いない。

「骨伝導イヤホン」が商品化されるまでの知られざる道のり

現代人のライフスタイルにイヤホンはマストアイテムである。従来の音楽鑑賞に加え、スマホやタブレットでの動画視聴、さらにオンライン会議など、利用するシーンは実に多彩だ。

若い世代だけでなく、高齢者でも利用者は増えており、種類も有線からワイヤレスまでバリエーションが増えているが、なかでも意外とニーズがあるのが骨伝導イヤホンだろう。

骨伝導イヤホンはこめかみに装着し、耳の周りの硬い骨を震わせて、聴覚を司る蝸牛《かぎゅう》に振動を送って音を聴くという仕組みだ。

耳の穴をふさがないので、周囲の音や自分の話し声も聞こえる。難聴の不安も軽減するし、外の世界を遮断することなく、シチュエーションに合わせた使い方ができるのが利点だ。

骨伝導という仕組みは、少なくとも16世紀には解明されており、17世紀にはこの仕組みを応用して聴覚障害のある人の補助を目的とした研究が進められた。今でいう補聴器の一種だが、これが骨伝導イヤホンのルーツである。

ちなみに、19世紀の発明家として知られるグラハム・ベルは、母親が聴覚に障害があり、家族は母親の額に口を当てて話すことで、骨に振動を与えて会話をしていた。このことがベルが電話を発明したきっかけだともいわれている。

日本では2004（平成16）年、当時の三洋電機がまさにそれを商品化したような、音声を頭がい骨の振動で聞く電話機を発売している。これは受話器を耳の周辺に押し当て、骨を振動させて声を伝えるもので、耳が遠くなった高齢者などをターゲットとしていた。

2年後には今のような形の骨伝導イヤホンが発売され、そこから市場は少しずつ拡大していった。使い心地や性能が上がり、スポーツシーンなどでも使用できるとあって利用者は増加の一途をたどっている。

並外れた大音量での使用は蝸牛を傷つける可能性もあるし、何より構造上、音漏れしやすい。とはいえ、耳を完全にふさぐイヤホンよりは、やはり人体へのリスクは圧倒的に少ないというのがメリットだ。

「付箋紙」誕生のきっかけは、運命的な〝失敗〟がもたらした

貼ってはがせるメモ用紙である付箋紙は、アメリカのミネソタ州に本社を置く世界的企業である３Ｍの研究室の科学者によって発明された。この文房具界の大発明ともいえる「ポスト・イット」が開発されたのは、接着剤の研究の過程における偶然だったのだという。

３Ｍの科学者だったスペンサー・シルバーは接着剤の開発に携わっていた。目指すのはより強力に接着できる接着剤だったのだが、その研究過程でシルバーが発見したのが、軽く接着できるけれど簡単にはがせる物質だった。

彼が発見したのは、マイクロスフィアと呼ばれる物質だ。ある程度の粘度を保つことができるため接着できるが、貼り付けられた表面からキレイにはがすことができる性質を持っている。

しかし、簡単にはがれてしまっては接着剤としては役に立たない。シルバーが見つけた物質が、製品化にはほど遠い存在としてほかの社員たちには評価されなかったのもしかたのないことだろう。

転機が訪れたのは、発見から5年ほど経ってからだった。教会の聖歌隊のメンバーだったアート・フライが、讃美歌集に挟むしおりがひらりと落ちるのを何とかできないかと考えた時のことだ。

ここで運命的な偶然だったのはフライが3Mの科学者でもあったことだ。研究室内で「簡単にはがせる接着剤」について熱心に説いていたシルバーのことを思い出し、その接着剤を使うことを思いついた。このフライの思いつきによって、シルバーの接着剤がようやく日の目を見ることになったのである。

接着剤なのに簡単にはがれるという弱点を逆手にとって、貼ってはがせる製品の開発が始まったのである。讃美歌集に挟む「落ちないしおり」は、新しいメモ用紙に進化したのだ。

1980（昭和55）年4月、ポスト・イットノートが発売されるとその革新的な機能に世界中が注目し、またたく間に広まっていった。黄色い紙に特殊な接着剤が付いたポスト・イットは、後発メーカーが製造した付箋紙があふれる現在でも、「付箋＝ポスト・イット」という代名詞になるほどの人気商品となった。

ポスト・イットは偶然が生んだ産物だったのだが、本来の目的と違ったものを失敗と決めつけず、何かに使えないかとあきらめなかったことが勝因ともいえるだろう。

消しゴムの困った問題を解決した「カドケシ」の登場

世界屈指の文房具大国として知られる日本では、小さな文房具ひとつひとつのなかに、驚異的な工夫が凝らされている。

その質の高さは、日本のお土産としてボールペンやシャープペンシルなどが喜ばれることからもうかがえる。文具店に行かずとも100円程度から手に入るペンだが、「明らかに書き心地が良く、性能がいい」のだそうである。

そんな日本だからこそ文房具の愛好家は多い。一年中、日本のどこかで文具フェアや文具博覧会などといったイベントが催され、各メーカーの粋を集めた新製品や自信作が紹介されているのだ。

その日本が世界に誇る製品のひとつが、「カドケシ」だ。

新品の消しゴムは消しやすいのに、使い込んでくると消しにくくなる。理由は「角」にある。新品は角がしっかりと鋭角になっていて、狙った部分を的確に消すことができる。ところが角が丸くなってくると、余分なところまで消えてしまったり、なかなかキレイに消えないのだ。

ここに着目した若いデザイナーによる製品デザインが、2002（平成14）年のコクヨデザインアワードにおいて佳作を受賞したのである。

10個の四角い小さな消しゴムが、市松模様のように連なっている特徴的な形は、製品化の際にもそのまま採用された。また、通常の力で消していても千切れることはないが、千切ろうと思えば簡単にできるのもコンセプトのひとつだ。

カドケシはそのケースにも特徴がある。多くの消しゴムは紙製のケースに入っているが、カドケシの場合は透明のプラスチックケースに入っている。ケースには点が打たれており、消しゴムが小さくなったらその点に沿ってケースを切る。すると、新たな角を持ったキューブが現れるという仕組みになっている。

この細やかさこそ、文房具大国日本の真骨頂といえるだろう。その後カドケシは爆発的ヒットとなり、発売後1年足らずでミリオンヒットとなった。

シンプルにして機能的なカドケシは、2005（平成17）年にニューヨークにあるニューヨーク近代美術館（MoMA）の「MoMAデザインコレクション」に選定された。世界に名だたる現代アートを集めたMoMAに認められ、小さな消しゴムがミュージアムショップに並べられている様子は、デザイン業界のみならず文具業界でも大きな話題となったのである。

それはここからはじまった！〈テクノロジー・ヒット商品〉

◉ルンバ

アメリカのiRobot社が開発した自動掃除ロボット。もともとiRobot社は地雷探査のロボットを開発しており、初代ルンバの原型は、それらの技術を応用して家庭用の掃除機が作れないかという考えがきっかけで誕生した。ゴミを見落とすまいと何度も同じところを行ったり来たりする動きは、まさに地雷探査そのものか。

◉人工雪

物理学者の中谷宇吉郎は、雪の結晶が形成される過程を解明し、１９３６（昭和11）年に大学の低温実験室において、世界で初めて人工雪の製作に成功した。商業的な人口降雪機は、１９４９（昭和24）年にアメリカのコネチカット州で、スキー場の運営者たちが開発。氷点下で噴霧した水が結晶化して、雪のようになったことがきっかけだった。

◉通勤快足

現在、レナウンインクスが販売している抗菌靴下「通勤快足」は、もともと「フレッシュライフ」という名前で売り出された。当時は自信作だったが、売上げはいまひとつ。そこで、社内で新しいネーミングを募り、その中にあった「通勤快足」を採用して名前を変えたところ、爆発的なヒットとなった。

◉ATM（自動現金預け払い機）

1967（昭和42）年にイギリスで初めて導入されたが、そのルーツは自動販売機だ。スコットランド人の発明家ジョン・シェパードバロンは、チョコレートバーの自動販売機を見て、チョコレートを現金に置き換えればいいとひらめいた。最初は特殊な小切手を挿入し、暗証番号を入力すると引き出せるという仕組みだった。それを4桁の数字にしたのは妻のアイデアだった。

2章

現代日本の「あたりまえ」を誕生からひもとく

日本人が学校で「給食」を食べるようになったのは、どんな理由？

年配の人たちにとって子どもの頃に食べた給食の思い出といえば、アルマイトの皿に載っているコッペパンに、おかずが入ったお椀、そして脱脂粉乳のミルクではないだろうか。先の割れたスプーンで、パンにマーガリンを塗ったり、カレーを食べたりしたものだ。

児童たちには不評を買っていた脱脂粉乳のミルクも、お腹を空かしていた子どもたちにとっては〝ごちそう〟だった。

その学校給食のはじまりは、１８８９（明治22）年にさかのぼる。

当時、山形県西田川郡鶴岡町（現鶴岡市）の私立忠愛《ちゅうあい》小学校では、貧しい家庭の児童たちが栄養不足で苦しんでいた。家庭の貧困などのために学校に弁当を持ってこられない児童のために学校が昼食として用意したのが、おにぎりと塩鮭の焼き魚、そして漬物だった。

当初は慈善活動の一環として、地元のボランティアや教師たちが協力をして給食を提供したが、その後、日本各地の尋常小学校の一部で、満足に食事がとれない児童に対する対策としてパンなどが配られるようになる。

戦時中は一時中断されたものの、終戦後の1947（昭和22）年に戦争で栄養状態が深刻化していた子どもたちへの栄養改善策として給食が再開され、全国的な給食制度が導入されたのである。

この時期の日本は、戦前に比べて食料不足が極めて深刻で、なかでも子どもたちの栄養状態は劣悪そのものだった。

そんな戦後の日本に大きな救いをもたらしてくれたのが、アメリカの「ララ物資」だ。「ララ」とは、「アジア救済公認団体」（Licensed Agencies for Relief in Asia）の略称で、アメリカの慈善団体などが加盟している。

そのアメリカの食料援助を受け、小麦粉を使ったパンや脱脂粉乳が主食となり、魚の佃煮などが提供される「完全給食」へと発展していくのである。

ちなみにララ物資として送られてきたのは食料だけでなく、下着や衣料品、学用品などもあった。なかには生きたままの乳牛やヤギなども届けられた。こうして1952（昭和27）年までに届けられた物資の総量は1万6207トン、金額にして400億円相当になる。

ただ、アメリカの日本に対するララ物資の供給の裏には、自国の農畜産業で余った小麦のはけ口として戦後の日本市場がターゲットにされたいきさつがある。ようするに、日本での小麦の消費拡大の一環として学校給食がその対象になったのである。

当時の給食では当然のことながら米飯がほとんどだったが、給食によって日本人の間にパンや牛乳などの乳製品が定着していったのだ。そうなると子どもたちの栄養事情も徐々に改善して、当初の目的である「欠食児童対策」から「教育の一環」（食育）として位置づけられるようになったのである。

今では栄養満点で色鮮やかなグルメなメニューが子どもたちを育んでいるが、給食はもともと貧しい子どもたちの栄養補給を目的に始まっている。戦後の栄養改善期を経て、食育や地域の食材を取り入れた健康維持のシステムに欠かせない存在となったのだ。

実はルーツがわからない⁉「歩行者天国」の謎

日本の歩行者天国がいつ、どこで始まったかについては諸説あるが、大規模なものは1969（昭和44）年の北海道旭川市の平和通りで、この年の8月6日から12日間、実験的に行われている。

当時は高度成長期のただ中にあり、モータリゼーションによって交通戦争が勃発していた。実際、1970（昭和45）年には交通事故の死者が史上最多を記録しており、モータリゼーションが引き起こす大気汚染や光化学スモッグ、騒音などが新たな公害を生み出していた。

1960（昭和35）年には340万台だった自動車の数が、10年後にはなんと

1900万台と激増しているのである。

そんな自動車公害を批判する世論の高まりとともに出現したのが歩行者天国、通称「ホコ天」だ。自動車の通行を一時的に止めて道路を歩行者専用とすれば、交通公害を少しでも食い止められる、開放的なイメージも相まって買い物客や観光客に来てもらえる、と考えたのだ。

歩行者天国はこの名前が一般的になる前から、旭川のほかにも東京の神楽坂や新宿駅の東口前通り、神田の東紺屋町などで行われており、全国の各都市に出現してブームになっていく。なかでも歩行者天国の象徴とされているのが、インバウンドでも人気の東京・銀座の歩行者天国だ。

東京都の歩行者天国は、当時の美濃部亮吉都知事が旗振り役で、1970年の8月2日の日曜日に4大繁華街（銀座、新宿、池袋、浅草）の目抜き通りで始まっている。時間は、午前10時から夕方の5時まで。日曜日とあって、4か所を合計すると普段の倍以上の78万人もの人出でにぎわった。

銀座にはいつもの10倍の23万人が訪れた。真夏の空の下ということもあって、銀座通りの真ん中に胡坐をかいてビールを飲む人がいるかと思えば、車座になって弁当を食べながら麻雀に興じる若者もいた。

しかもビーチパラソルや縁台、ビニール製のプールも登場し、子どもたちがワイワイと水遊びを楽しんだという。終わってみれば、そこらじゅうにゴミの山ができていた。非日常的な光景を通り越して、常軌を逸した乱痴気騒ぎも堂々と繰り広げられたのである。

歩行者天国とその周囲の地域では、たしかに〝公害〟は一時的に収まったものの、当局がめざした排気ガスのない街を取り戻そうという試みはみごとに打ち破られたと言っていいのかもしれない。

しかし、歩行者天国は単なる交通規制のイベントにとどまらなかった。1971（昭和46）年に銀座にオープンした日本初のハンバーガーショップ・マクドナルドが、多くの家族連れや若者たちが集まるエリアとして注目されるようになったのだ。マクドナルドの銀座店がその中心的な存在となったのはいうまでもない。

ハンバーガーに食らいつきながら銀座の目抜き通りをかっ歩するのが、アメリカンな雰囲気を感じるトレンディな体験として庶民のハートを惹きつけたのだ。

コロナ禍で一時的に中止されたこともあった歩行者天国だが、現在は地元の文化のPRやイベントなどが復活し、庶民の週末の楽しみとなっている。

新聞の社会面を「三面記事」と呼ぶことからわかること

「三面記事」といえば新聞の社会面のことをいうが、そもそもなぜ三面記事というのかご存じだろうか。

全国紙の朝刊の場合、その日のニュースの量や曜日、特集記事の有無などに左右されるが、通常はおおむね30〜40ページ程度が一般的だ。一面（フロントページ）から始まり、国内・国際ニュース、経済・ビジネス、スポーツ、文化・エンターテインメント、生活・社会、社説などで構成されている。

たとえば40ページだての場合、40ページ目がテレビ欄で、その前の見開きページ（38〜39ページ）が事件や事故、著名人のスキャンダルを扱った社会面となる。この紙面が「三面記事」と呼ばれているわけだ。

それにしてもなぜ社会面＝三面記事なのかというと、明治時代の日本の新聞の紙面構成に関係している。

当時、発行されていた新聞の多くは4ページだてが基本で、一面では国内外で起きた主な政治や経済のニュースを、二面が社説や解説記事、そして三面が事件や事故、犯罪、スキャンダル、裁判など大衆にウケるような国民の生活に関するニュースだった。そのため、これらのニュースを指して〝三面記事〟と呼ぶようになったのである。

ちなみに、1892（明治25）年に創刊された「萬朝報《よろずちょうほう》」も4ページだてで、3ページ目（三面）で現代の新聞の社会面のように社会で起きた事件や事故などを扱っている。そのうち、他紙もマネをするようになり、社会面の記事を三面記事と呼ぶのが定着していったようだ。

その後、新聞が進化してページ数が増えるにつれ、事件や事故、スキャンダルなどが必ずしも三面に割り当てられることはなくなったが、その名残は受け継がれ、読者の関心を引く三面記事は「社会面」として位置づけされている。

両手をあげて「バンザイ！」を唱える「万歳三唱」の本当の起源

退職や転勤などの送別会や結婚式、新年会や忘年会の締めくくりだったり、選挙の当選祝いでやるのが「万歳三唱」だ。参加者全員が両手を頭の上にあげて「バンザイ！」と三度唱えながら祝賀を表す日本の伝統的な儀式だが、やってみると場に一体感が出て気持ちがいいものだ。

それにしてもなぜ、皆が一緒になって諸手をあげて喜ぶのか。ルーツは、1889（明治22）年にさかのぼる。

この年の2月11日に行われた大日本帝国憲法の発布式の際に、天皇陛下が乗る馬車に対して国民がどのような言葉を発したらいいのかについて議論が交わされていた。

当時、文部大臣だった森有礼《もりありのり》は「奉賀、奉賀」がいいのではと提案したが、しかし、それをみんなで一緒になって叫び続けると、「アホウが、アホウが」としか聞こえない。それではさすがにマズイとなって、今度は経済学者の和田垣謙三教授が「万歳」ではどうかと提唱した。

これには前例があり、昔、中国の王朝の斉《せい》には民衆が天子の長寿をお祝いして「民万歳を称す」という記録がある。

「万歳」はもともと「長い年月」を表す言葉で、「いつまでも生きる」とか「いつまでも栄える」といった意味がある。ただし、発音は「バンザイ」ではなく中国式に「バンゼイ」とか「マンザイ」だった。

しかし、さすがにそのまま使っては都合が悪いということになって議論をさらに進めた結果、その両者を組み合わせて「バンザイ」に落ち着いたといういきさつがある。当日は、二重橋前に集まった人々が「バンザイ」と叫んで天皇奉迎を実現したという。

日本では祝賀や祈願の際に「三」が好まれることが多い。これが「三唱」という形になって広く定着していくのだが、「三唱」は、古来日本で神聖な数とされてきた「三」の数字に由来しているのだ。

3回行うことで祝福の意味が強調され、儀式的な重みが増すという考えがあった。この形式が社会的にも受け入れられ、公式の式典や祝賀行事で広く使われるようになったのである。

ちなみに、二重橋前で行われた「万歳三唱」の際に馬が驚いたという逸話がある。明治天皇が皇居へ戻る時に集まった群衆が「万歳」を連呼すると、その大きな声に反応して天皇が乗っていた馬が驚いてしまい、暴れたという。

こうして明治天皇の時代には、国家的な祝賀イベントで盛んに用いられるようになったが、最も有名な事例としては1895（明治28）年の日清戦争の勝利を祝った際に、民衆が「万歳」を三度繰り返して叫んだことが記録されている。

万歳三唱は、現代の日本の文化や伝統行事など多くの場面で使われており、喜びや祝福の気持ちを表現するための行為として大切にされている。

「ラジオ体操」のルーツに見え隠れする日米関係とは？

「新しい朝が来た～」で始まるのが、おなじみのラジオ体操だ。

毎朝、NHKラジオ第1で6時30分から10分間放送されている。1928（昭和3）年11月1日から放送がスタートしているので、あと数年で100年を迎える長寿番組だ。

夏休みの朝に眠い目をこすりながら子ども会や町内会で行われていたラジオ体操に参加をしてスタンプを押してもらった記憶がある人も多いだろうが、そのルーツはどこにあるのだろうか。

それは、1920年代のアメリカにまでさかのぼる。当時、国民の間では健康やダイエットに対して関心が高まっていた。

そこで、メトロポリタン生命保険会社が米国民の健康増進を目的にして、19

25（大正14）年にラジオで「メトロポリタンライフ　ヘルスエクササイズ」というエクササイズ番組を開始したのだ。この同社の目論見は大当たりし、最盛期には400万人のリスナーがいたという。

この時、たまたまアメリカを視察に訪れていた逓信省簡易保険局の職員が、この番組に注目して日本に取り入れたのがラジオ体操の元となっている。

その後、簡易保険局で昭和天皇の即位を祝う事業としてラジオ体操が提案され、1928年11月に「ラジオ体操第一」として東京中央放送局で放送が開始されている。ちなみに、振り付けは郵便職員が周知したという。

こうしてこの体操は、誰でも手軽にできる運動として人気となり、1931（昭和6）年には「ラジオ体操の歌」も発表されている。さらに翌年には、「ラジオ体操第二」がつくられ、1939（昭和14）年には「ラジオ体操第三」の放送が始まっている。

ラジオ体操は戦後にGHQ（連合国軍総司令部）から軍国主義の象徴だとして禁止されたものの、戦後の1946（昭和21）年に復活してから全国的な運動プログラムとして定着していく。その後、子どもから高齢者まで幅広い年齢層が参加できるように設計され、朝の習慣や学校の教育プログラムとして取り入れられている。

そもそも、誰がどういう目的で「成人の日」を始めたのか

それまでは毎年1月15日とされていたが、２０００（平成12）年のハッピーマンデー制度の導入によって1月の第2月曜日に変更になったのが「成人の日」だ。

この日は、全国の市町村で新成人を招いて趣向を凝らした式典が行われるが、「国民の祝日に関する法律」によると「大人になったことを自覚し、自ら生き抜こうとする青年を祝い励ます」のが趣旨だ。

ところでこの成人の日だが、いったいいつから始まったのか。

そもそもは、１９４６（昭和21）年11月22日に埼玉県蕨市（当時は蕨町）の青年

団が主催した「青年祭」がきっかけだった。焼け野原となった戦後の混乱期に、20歳を迎えた若者たちに将来への希望と責任を持ってもらうために実施したという。

当日の式典では、集まった新成人に対して地元の有識者らが励ましの言葉を贈り、若者たちは町内を行進した。式典が終わってからは祝賀行事が催され、踊りや歌が披露されたという。町を挙げて新成人を祝福したのだ。式典は構成的にも今の成人式のスタイルと何ら遜色がないと言っていいだろう。

この蕨市の青年祭は全国的にも注目され、その成功を受けて2年後には冒頭の国民の祝日に関する法律により、1月15日が「成人の日」として正式に制定され、国民の祝日になったのである。

ところで、2022（令和4）年4月1日から成人の対象者が18歳に変更されたが、しかしこれだと高校3年生が中心になってしまい、進学や就職、部活動などで忙しい時期とどうしても重なる。

こうなると式に参加する〝成人〟が極端に減ってしまうことから、同年の3月31日以前の成人対象者だった20歳を維持し、「はたちの集い」として開催する自治体が多い。

「狂犬病ワクチン」の開発で、人類が恐ろしい感染症に勝った日

古くはヨーロッパの人口を3分の1に減らしたとされる中世の黒死病や、第一次世界大戦によって広がったスペイン風邪、新しいところではコロナウイルス感染症など、ウイルス感染によって数えきれないほどの人々が命を落としてきた。

ウイルスに対する最大の武器は予防接種だ。その効果が高ければ、感染症そのものを撲滅することができる。実際、フランスのルイ14世の孫・ルイ15世の命を奪ったことでも有名な天然痘は、予防接種の普及によって撲滅宣言されるに至っている。

しかし、まだまだ致命的な感染症は多い。なかでも今なお全世界的に発生している狂犬病は、致死率100パーセントで、感染したらまず助からない恐ろしい

ウイルス感染症なのだ。

狂犬病が初めて歴史上に登場したのは、紀元前2300年頃に書かれたとみられる法律の条文である。

「犬が市民を咬み、咬まれた市民が死亡した時は、飼い主は40シェケルの銀を支払い、奴隷を咬んで奴隷が死んだ時は15シェケルの銀を支払うべし」

犬が人を咬んで死に至らしめる、最も古い狂犬病についての記述だといわれている。

狂犬病ワクチンは、1885（明治18）年にフランスの細菌学者であるルイ・パスツールによって開発された。最古の記述から4000年以上経って、ようやく人類が防御手段を得たのだ。

パスツールは、すでにジェンナーが発明していた天然痘の種痘法を、ほかの感染症にも応用できないかと考えた。

パスツールは狂犬病にかかった犬の体内成分をまずウサギに注射した。そのウサギが狂犬病に感染して死んだ後、脊髄を取り出した。そして、その脊髄を水酸化カリウムの蒸気の上に吊るしておくと、乾燥している時ほどウイルスが残存していないことを突き止めたのだ。

パスツールは脊髄の乾燥状態を何段階にも分けてワクチンをつくり、犬に注射して実験を行った。すると、ワクチンで免疫をつけた犬は、狂犬病のウイルスに感染しても発症しなかったのである。

パスツールの評判を聞いて、ある母子が研究所を訪れた。9歳の息子が2日前に狂犬病の犬に咬まれてしまったのだ。そこでパスツールは犬に打ったのと同じようにワクチンを接種した。すると男の子は、狂犬病を発症することはなかった。この瞬間、人類は最も恐ろしい感染症に対抗できる武器を手に入れたのである。

しかし、完全に狂犬病を撲滅したといえる国は、日本、イギリス、オーストラリア、ニュージーランドなどのごく一部の国に限られる。

WHO（世界保健機関）の統計によると、今でも年間6万人近くが狂犬病によって命を落としている。狂犬病が発生していない国々も、いつまた外国からウイルスが持ち込まれるかはわからないのである。

それはここからはじまった！〈なぜか気になるモノ〉

◉海の日・山の日

１８７６（明治9）年、明治天皇が東北地方巡幸の時に「明治丸」に乗り、横浜港から函館港、青森港などを経て横浜に帰港した7月20日を「海の記念日」としてきたが、法改正で２００３（平成15）年からは7月の第3月曜日が「海の日」となった。

また２０１６（平成28）年から施行された「山の日」は、「海の日」があるのに山への感謝の日がないことから、国民の祝日として加えられた。「八」の数字が山を連想させることも理由のひとつで、盆休みと合わせれば連続して休みを取りやすいことから8月11日が選ばれた。

◉ゴールデンウィーク（GW）

1951（昭和26）年の5月に大映の映画『自由学校』が大ヒットしたことから映画業界でこの時期を「ゴールデンウィーク」と呼び始めたのがその由来。和製英語である。

昭和の日（4月29日）、憲法記念日（5月3日）、みどりの日（5月4日）、こどもの日（5月5日）と、4月末から5月初めにかけて1年で最も国民の祝日が多い。これに土曜日と日曜日を挟めば大型連休となる。

◉PTA

PTA（Parent -Teacher Association、親と教師の会）の起源は、アメリカで1897（明治30）年に設立された「母親の全国会議」が前身で、子どもの教育環境を改善し、家庭と学校の連携を強化することが目的。その後、世界的に広まり、日本ではGHQによって教育の民主化には教員と保護者の協力関係が必要だとして当時の文部省を通して広まった。しかし、現在は「負担が大きい」「会計が不明瞭」などの理由で市町村単位での退会が相次いでいる。2023（令和5）年度の会員数（児童生徒数）は716万人。

◉ダンクシュート

バスケットボールの試合で、リムの上からボールを豪快に押し込むのがダンクシュートだ。これが登場したのは1930年代から1940年代で、由来は、英語の「dunk」（ダンク）から来ている。「dunk」は「押し込む」とか「浸す」などの意味を持ち、パンやドーナッツをミルクやコーヒーに「dunk（浸す）」ような時に使われる。これがバスケットボールでゴールにボールを「浸す」「沈める」といった動きに似ていることからこの名がついた。

◉バタフライ

全身を使ってまるで水中を飛ぶように泳ぐ泳法がバタフライだ。ルーツは1928（昭和3）年のアムステルダムオリンピックだといわれている。ドイツの選手が、手を水上に出す泳法で泳いだのだ。その後、ケガをしてひざを痛めた選手が、両足を揃えてうねらせるような泳ぎ方で体の負担を軽減しようと考案したのがバタフライなのである。

◉「〒」マーク

郵便や郵便局を表す「〒」マークの起源には諸説ある。郵便局の公式ホームページによると、郵便局の前身である逓信省にあるという。その逓信省の頭文字である「テ」をモチーフにして生まれたのが、現在用いられている「〒」マークなのだ。つまりこれは日本独自のもので、世界で通用するデザインではないことを覚えておきたい。

◉ペナント（レース）

プロ野球の優勝チームには、長い三角形をした旗の「ペナント」が贈られる。このペナントを掲げる権利を争うという意味で、「ペナントレース」と呼ばれるようになった。もともとは戦場や海上での目印として使われてきたが、アメリカの野球のリーグで優勝したチームに授与されたのがはじまり。日本では、１９３６（昭和11）年の日本職業野球リーグ（現在のプロ野球）で、アメリカのそれを手本にして採用されるようになった。

◉指切りげんまん

一説では、江戸時代、吉原の遊女が思いを寄せる男への愛情を示すため小指の先を切り落としたのがはじまりとされる。この〝儀式〟は「心中立て」とも呼ばれた。げんまんは「拳万《げんまん》」と書き、もしも約束を破ったら握りこぶしで1万回殴るという意味。これがやがて子どもたちの遊びとして広まり、友情や約束の証になった。また、「指切りげんまん　ウソついたら針千本呑ます」の針千本は、裁縫針を1000本呑ませるという意味が込められている。

◉ハロウィン

古代のケルト人が行っていた「サウィン祭」が起源。毎年10月31日は死者の霊が戻ってくるとされ、収穫祭の意味もあった。この祭りで、悪霊から身を守るために仮面をかぶったり、火を焚いたりした風習が仮装のルーツとされる。20世紀に入り、全米で人気のイベントとなった。

3章

街で目にするあれこれは、いったいどこで生まれたか

人のライフ・スタイルを変えた「コンビニ」というすごい仕組み

コンビニエンスストアの品ぞろえは多様化し、冷凍食品や生鮮食品を扱う店舗も増えた。都市においては小さなスーパーマーケットとしての役割を担い、営業時間も長いことから共働き世帯や単身者のニーズをとらえている。

コンビニの起源は、アメリカのテキサス州にある。1927（昭和2）年、氷の販売業を営んでいたサウスアイランド・アイス社が始めた事業がコンビニ1号店とされているのだ。

当時のアメリカでは、まだ電気冷蔵庫は普及していなかった。アメリカの南部に位置するテキサス州は夏の期間が長く、5月から9月の終わりくらいまで暑さが続く。比較的蒸し暑いのも特徴のひとつだ。そのため、食品などを冷やすための氷は1年を通じてニーズがあった。

サウスアイランド・アイス社は、特に夏の時季は1日16時間営業を行い、氷を求める人々に喜ばれていたという。そのうち、客の中から「牛乳や卵、パンなども置いて欲しい」という声が聞かれるようになった。そこで、生鮮食品の取り扱いもスタートすることで、より利便性を高めたのだ。

これがまさに「コンビニエンス＝便利」な店として評判になった。１９４６（昭和21）年には店名を「セブン－イレブン」とし、朝の7時から夜の11時まで開いている便利な店として、チェーン展開をスタートさせたのである。

日本にも１９７４（昭和49）年、東京・豊洲にセブン－イレブン1号店が誕生した。前年からイトーヨーカドーがサウスアイランド社と提携して、日本への導入をめざした結果である。

イトーヨーカドーの取締役だった鈴木敏文は、アメリカに視察へ行った際にセブン－イレブンと出会い、その業務形態の可能性に確信を持った。スーパーマーケットの成長を阻害するのではないかという慎重論も根強いなかで、時代を切り開く第一歩を踏み出したのだ。

日本1号店のセブン-イレブンでも、現在と同様に徹底的な商品管理の合理化が行われた。人気がある商品の棚は大きくし、売れない商品は仕入れず、回転率を向上させたのである。そして店舗数が増えてくると、配送の効率化も徹底することでコストを削減した。

その結果、日本人のライフスタイルの変化もあり、大手のスーパーマーケットが苦戦を強いられるなかで、コンビニエンスストアの売上げが右肩上がりになっていく。小売業界のなかで独り勝ちともいえる状況は、しばらく続きそうな気配である。

「回転寿司」というビジネスモデルの秘められた勝算とは?

多様な食文化を持つ日本で、エンタメ性がもっとも高いともいえるのが回転寿司だ。ベルトコンベアに載って流れてくるさまざまな寿司を選んで手に取るシステムは、子どもたちに大人気であるだけでなく、外国人観光客が日本旅行の際に行きたい店として挙げている。

回転寿司を生み出したのは、元禄産業の創業者である白石義明だ。戦後間もない1947（昭和22）年、白石は大阪の布施市（現在の東大阪市）で寿司も提供する料理店を開いた。

当時としては珍しい立ち食いスタイルの店にしたのは、周辺にある工場で働く若者たちが来られるように、ハードルの低い店にしたいというコンセプトの表れだった。寿司屋というと値札がないことがほとんどだった時代に、1皿4貫が20円という価格も明示した。

さらに、立ち食いなら客の回転も良くなる。その結果、他店よりも安く寿司を提供できたことから店は大繁盛となった。

狙いが当たってまんまと大成功を収めたと思いきや、思わぬ事態に陥ってしまう。あまりの忙しさに板前が音を上げてしまったのだ。何とかしたいと考えていた白石は、ある時、経営者の仲間たちと吹田市のビール工場を視察に訪れた。

そこで目にしたのは、工場内に張り巡らされたベルトコンベアに載ってビール瓶が流れていく様子だった。白石は「このシステムを店に応用すれば効率が上がるはずだ」と思いついたのである。

立ち食いの寿司店では、板前が握った寿司を客に渡す際に意外と手間がかかっていた。それなら握った寿司をどんどんベルトコンベアで流せば、そのぶん時間のロスを徹底的に省くことができる。

そのアイデアを胸に、地元の町工場の経営者とともに紆余曲折を重ね、約10年の開発期間を経た1957（昭和32）年にコンベア旋回式食事台の試作品が完成したのである。

翌年、近鉄布施駅の近くに「廻る元禄寿司」1号店を開店すると、たちまち大賑わいとなった。1970（昭和45）年の大阪万博にも出展し、その人気は国内だけでなく海外にも飛び火した。

その後の回転寿司ブームはいうまでもない。庶民が気軽に寿司を食べられる店としてさまざまなチェーン店が誕生し、日本中に広まった。

しかし近年、コロナウイルス感染症の流行や、客による不適切行為が続いたことにより、安全面での不安が取りざたされるようになった。

思わぬ逆風が吹いたわけだが、ピンチはアイデアで乗り切れとばかりに、オーダーした皿だけが別のベルトに載って注文した客の前に流れてくるシステムや、流れている皿に透明のケースをかぶせるなど、思い思いの工夫を凝らして乗り越えている。

日本が誇る回転寿司は、時代とともに進化しながらこれからも人々に愛され続けていくに違いない。

カラオケをめぐる状況を一変させた「カラオケボックス」の登場

「KARAOKE」といえば世界で通じる日本語であり、大人気の娯楽だ。もともとの語源は「空のオーケストラ」で、音楽や放送業界では、歌手が生演奏ではなく伴奏の音楽テープで歌うことをカラオケと呼んだ。

「宝塚歌劇団の公演でオーケストラのストライキが起きた際に、音源を吹き込んだテープを流して事なきを得たが、オーケストラボックスは空っぽだった」という印象的な逸話から生まれたという説もある。

1971（昭和46）年に登場した最初のカラオケ装置は、小型のカーステレオにアンプとマイクを取り付け、演奏を吹き込んだテープを流すものだった。

これに目をつけたオーディオメーカーのクラリオンが1976（昭和51）年に8トラックプレーヤーにエコー装置、アンプなどを搭載した「カラオケ8」を発売した。バーやスナックなどでは、このカラオケ8を使って歌うことが大流行し、月に6000台を売り上げた。「カラオケ」が一大ブームとなったのだ。

ただ、カラオケブームには弱点もあり、店や宴会場など、ある程度の広さがある室内でしか利用できなかった。バーやスナックは大人の夜の店であり、家庭の主婦や子どもにはあまり縁のない存在だった。その状況を一変させたのが、カラオケボックスの登場だった。

岡山でドライブインを経営していた佐藤洋一は、もともとトラックの運転手をしていた。現役時代に慣れ親しんでいたカラオケを若者や家族連れ、女性も楽しめる娯楽にできないかと考えた。

そこで、トラックのコンテナを改装して小さな部屋を作り、そこにカラオケの機材を置いて貸し出すサービスを始めたのだ。それが人気になると、コンテナをいくつも改装して空き地に設置、カラオケボックスの営業をスタートさせた。

こうして評判が評判を呼び、佐藤は幹線道路沿いの空き地に次々とコンテナを設置していった。コンテナを持って行って設置するだけという手軽さも良かったという。

カラオケボックスの普及で学生や家族連れも気軽に楽しめる娯楽として、カラオケの人気はさらに高くなった。カップルやグループだけでなく「ヒトカラ」という1人での利用者も多い。

現在ではカラオケボックスは、歌うだけでなく、子連れで気軽にできるパーティーの会場や仲間内でのちょっとした会合、リモートワークの場所としても利用されるという。内装が凝っている店も増え、さまざまな層からのニーズを叶える存在へと成長しているのである。

〝驚くべき奴ら〟が成し遂げた「ジャンボジェット機」の奇跡

2023（令和5）年1月、半世紀に渡って世界中の空で大量輸送を担っていた航空機の最後の機が航空会社に引き渡された。ボーイング社のジャンボジェット機「ボーイング747」である。

アメリカのワシントンにあるエバレット工場での引き渡し式には、ボーイング社と航空会社の社員のほか、顧客やOBなど数千人が集い、その儀式を見守ったという。

ボーイング747の特徴は、何といってもその大きさである。前身となるジェット機であるボーイング707の2倍の旅客輸送能力を持っていた。

その開発に携わったのは、ボーイング社のエンジニアだったジョー・サッターだ。707機の開発を担当したサッターに課されたのは、顧客であったパンアメリカン航空から要求された「従来機の2倍以上の乗客を乗せられる」大型機の開発を実現することだったのだ。

サッターの下に集められたのは、腕はいいが高齢で気難しいエンジニアたちだった。しかも、パンアメリカン航空から投げられる無理難題の要求に対応しなければならない。「あいつは貧乏くじを引かされた」として、社内では同情的なムードも漂ったのだという。

しかし、サッターは難事業をやってのけた。エンジニアたちを心から信頼して、強固な開発チームをつくり上げたのだ。

彼らは一丸となって、規格外の大型機の開発に取り組んだ。そして2年半足らずの間に、ボーイング747機をみごとにつくり上げたのである。これは大型機の開発としては、記録的な短期間での作業だという。

パンアメリカン航空では1970（昭和45）年のニューヨーク～ロンドン線に

ボーイング747機が投入された。輸送能力が倍増したことで、結果的に空の旅のチケットは庶民にも手が届く値段になっていくのである。航空機での旅が身近になったことで、世界の人々の距離はぐっと縮まったのだ。

ボーイング747の開発は、世界の空の旅のあり様を変えた。その偉業を成し遂げたサッターには、ボーイング社やパンアメリカン航空の上層部たちから惜しみない称賛が与えられた。

しかし、サッターは後にこう述べている。

「リンドバーグ氏から『ジョー、あれすごいな！』という言葉をかけられた瞬間にすべての苦労は吹き飛んだ」

リンドバーグ氏とは、世界初のプロペラ機による大西洋単独無着陸飛行を成し遂げたチャールズ・リンドバーグである。航空界の英雄であるリンドバーグからのこの誉め言葉は、エンジニアの胸に熱く沁み込んだに違いない。

なお、サッターが率いた開発チームは、「The Incredibles」というあだ名で呼ばれたという。ボーイング747は、まさに「驚くべき奴ら」が成し遂げた航空機の大発明なのである。

新時代の夢を乗せて走り抜けた大プロジェクト「新幹線」

新幹線は日本の高度経済成長期の華であり、今もなお世界中に輸出される高度な高速鉄道システムである。その開発には多くの技術者や国鉄関係者だけでなく、地域の人々や政治家、実業家が尽力し、戦後の日本の国家を挙げた一大プロジェクトだった。

そもそものスタートは、第二次世界大戦の前から存在した「弾丸列車計画」にある。時速200キロメートルで東京〜大阪間を4時間30分、東京〜下関間を9時間で結ぶことを目標に、研究開発や用地買収が進められていた。

しかし当時の技術での実現は難しく、戦局が悪化するなかで頓挫して放置されていた。

戦争が終わり、戦後の復興のなかで日本の鉄道技術は徐々に進歩していく。東海道線でも東京〜沼津間を2時間半で走る80系電車が投入されたのだが、この電車の開発に関わったのが島秀雄である。

島は、弾丸列車計画にも参加していた屈指のエンジニアだ。鉄道省にいた時代に蒸気機関車D51を手掛けた、鉄道ファンなら誰もが知る人物でもある。

戦後の混乱のなかにあっても、島は「必ず高速列車の時代が来る」として、若いエンジニアたちとともに研究を進めていた。しかし、ある列車事故に対する国鉄の保身主義に嫌気がさし、退職してしまったのだ。

1955（昭和30）年に国鉄総裁に就任した十河《そごう》信二は、新幹線プロジェクトには島が必要だと熱心に説き、技師長として再び国鉄に迎え入れた。

島の下に集められたのは、経歴もさまざまな気鋭のエンジニアたちだった。特に、戦前から続いていた高度な航空機開発に携わった中島飛行機の技術者たちは、会社が解体された後、自動車や鉄道などの分野に散らばっていた。

そんな彼らのなかの選りすぐりの人物を集めて、十河と島の新幹線プロジェクトは始まったのである。

高速鉄道の弱点である脱線のリスクに対しては、ゼロ戦の技術を応用した制御技術で対応した。軍部の信号技術を応用して、自動列車制御装置を開発した。戦闘機の機体に使われていた空気抵抗を抑えるための流線型のボディは、新幹線の設計にも大きく影響を与えたという。

国鉄生え抜きのエンジニアではなく、広く人材を登用したチャレンジングなチームづくりには反発も大きかったことだろう。しかし十河は「政治は俺がやる」として、島が率いるチームを全面的にバックアップした。

その甲斐あって、１９６３（昭和38）年の試験走行で時速２５６キロメートルを記録した。これは当時の世界最速記録だ。

翌１９６４（昭和39）年10月１日には東京〜大阪間を3時間半で走る東海道新幹線が開通した。弾丸列車計画をはるかに上回る、夢の高速鉄道の歴史がスタートしたのである。

日本人の心のシンボル「ソメイヨシノ」の最初の1本の木の謎

桜がいっせいに咲き始め、はかなく散る様子は、日本人の心に訴えかけてくる情景だ。最近は異常気象の影響もあり、桜前線の予想を立てるのは難しくなっているが、それでも桜の開花が春の到来を告げる風物詩であることは間違いない。

日本でもっともポピュラーな品種といえば、やはりソメイヨシノ（染井吉野）である。薄桃色の花弁が特徴で、河川敷や道沿いの桜並木や学校の校庭など、私たちが目にする機会がもっとも多い桜といっていいだろう。

ソメイヨシノは江戸時代末期、現在の東京都豊島区駒込にあたる江戸染井村の植木屋が「吉野桜」として売り出したのがはじまりだ。

奈良県にある桜の名所「吉野山」にちなんで名づけられたと考えられており、1900（明治33）年に、文献でこの桜を確認した東京帝室博物館（現在の国立博物館）の藤野寄命《ふじのよりなが》により、染井村の吉野桜がソメイヨシノと正式に命名されたのだ。

ソメイヨシノはオオシマザクラとエドヒガンの種間雑種で、接ぎ木や挿し木で繁殖する。親木から穂木《ほぎ》という枝を切り、台木につなぎ合わせて育てるのだ。種子からは栽培できないため、このやり方を繰り返し、増やしてきた。

つまり日本にあるソメイヨシノは、最初の1本から全国に数百万本という数まで増えた「クローン桜」というわけだ。

その最初の1本が人為的な交配だったのか、自然な交配だったのかは今もわからないが、実は最近のゲノム解析で、日本全国に存在するソメイヨシノはおよそ4グループに分けられることが判明した。

しかも、それぞれの特徴を持つ4本は、江戸時代の寺の跡地とされる上野公園の一角に並んで立っていることもわかっており、おそらくここから日本全国に繁殖したと考えられるのだ。

接ぎ木で増やすという前提を踏まえれば、4本あるうちの1本が、すべてのソメイヨシノの原木という可能性もある。現在も調査は続いているが、はじまりの1本をめぐる謎が明かされる日も近いかもしれない。

喫茶店の「モーニング」は、〝ほんの気持ち〟がスタートだった

お隣の台湾では、朝食は自宅で食べずに屋台でささっと済ませるのが一般的だという。それに匹敵する日本の朝ごはんといえば、喫茶店のモーニングだろうか。

特に、コーヒーを頼むとトーストやゆで卵がついてくる、愛知県を中心としたモーニング文化は独特だ。地元の人たちにとっては台湾の屋台と同じくらい当たり前のことだが、出張族や旅行客にとっては珍しく、これを楽しみのひとつにしている人もいるだろう。

発祥の地については諸説あるが、そのうち有力なのは、愛知県の名古屋市にほど近い一宮市だといわれている。

一宮は古くから日本における紡績・繊維産業の一大中心地だった。特に昭和30年代は全盛期を迎えており、全国からあらゆる業者が一宮に集まるようになっていた。

ところが、社内は機械の音がうるさく、会話も落ち着いてできない。そこで、応接室や会議室の代わりとして、喫茶店を利用するようになったのである。

市内の喫茶店にはビジネスパーソンの出入りが増えた。すると、ある店がいつも利用してくれる客に対し、コーヒーにピーナッツとゆで卵を添えて出すようになった。

この「ほんの気持ち」から始まったサービスが、モーニングのルーツだとされている。

特に昭和30年代は喫茶店そのものが日本に根づき始めた頃で、一宮市にも多くの店が点在した。

そのため、こうしたサービスは、他店と差別化を図りたい喫茶店側の思惑にもうまくハマったのだろう。

この習慣は周辺にも広がり、大都市・名古屋で大きく発展したため全国に知られるようになった。今ではサラダや総菜、ヨーグルトやあんこ、果ては食べ放題で出すなど、バリエーションは無限である。

ちなみに発祥の地をうたう一宮では、町おこしの意味も兼ねてか、市内の喫茶店で出すモーニングには、「起源にならって卵料理をつけること」「できるだけ一宮産の食材を使うこと」を推奨している。

今では東海エリアを中心に、全国で同様のサービスを行う喫茶店やカフェも増えた。ファストフードや駅そばとも違う、日本の朝の楽しみのひとつである。

「ファミレス」の登場と、生活スタイルの変化の関係は？

手頃な価格で誰もが気軽に利用できるファミリーレストランは、庶民の食生活の強い味方だ。今や中華やしゃぶしゃぶ、イタリアンなど、特定のジャンルに特化した全国チェーンの店も数多くある。

「ファミリーレストラン」はいわゆる和製英語で、もちろん日本が発祥だ。はじまりは１９７０（昭和45）年、東京・府中市にオープンした「すかいらーく」である。

背景には１９４０（昭和15）年頃からアメリカで始まったドライブイン型のダイナー文化が影響している。

それまでの日本の外食といえば、デパートのお好み食堂に家族で出向いて定食を食べるくらいで、それほど日常的なものではなかった。

だが、経済も上向いて自家用車を持つ人も増えてきたことで、休日にマイカーで家族そろって郊外のレストランに食事に行く、アメリカのような新たな外食スタイルの流行を予見して誕生したのがすかいらーくだったのである。

すかいらーくの前身であることぶき食品は、１９６２（昭和37）年に現在の西東京市のひばりが丘団地で開業した。ひばりを意味する「すかいらーく」という名がつけられたのは、これに由来している。

一方、同じ1970年の大阪では万博が行われていたが、ここに出店していたのが現在のロイヤルホストの前身である「ロイヤル」だ。

ロイヤルはすでに福岡でフレンチレストランをオープンさせており、チェーン化を見越して日本初のセントラルキッチンを設立していた。万博ではそれをフル活用し、ハンバーグを1日2000個も売り上げる快挙を達成。その成功を受けて、北九州に郊外型のファミリーレストラン「ロイヤルホスト」を開業したのである。

その後、アメリカから「デニーズ」が上陸し、1974（昭和49）年に日本1号店を横浜にオープンするなど、ファミレス文化は国内に急速に拡大した。北海道の「とんでん」、名古屋の「あさくま」、九州の「ジョイフル」など、全国各地でファミレスが誕生し、24時間営業の店も珍しくなくなったのである。

現在はタッチパネルでのオーダーが主流になるなど、時代に合わせて変容してきたファミレス。これからも庶民の身近な存在であり続けるに違いない。

「ドライクリーニング」は、ちょっとした偶然の産物だった

衣替えの季節になると、自宅の衣類をクリーニング店に持ち込むのもひと苦労だ。洗剤や洗濯機の進歩で、多くの素材を自宅で洗えるようになったとはいっても、繊細な素材やウール、シルク、麻などの天然素材、装飾が施されたものなどは専門店に任せたほうが安全だ。

そうして持ち込まれた〝洗濯物〟はドライクリーニングを施されることが多いのだが、「よくそんなやり方を試したものだ」と感心してしまう。水ではなく油性の揮発性溶剤に洗剤を混ぜ、専用の洗濯機で衣類などの汚れを落とすという方法なのだ。

ドライクリーニングの起源については2通りあり、ほぼ同時期にアメリカとフランスで発明されたようである。ここではフランス説をご紹介しよう。

ドライクリーニングは、偶然の出来事から生まれた発明だった。1820（文政3）年頃、フランスで染色工場を営んでいたジャン・パティスト・ジョリーは、ある日、面白いことに気づいた。テーブルにかけられていたテーブルクロスの一か所が、ほかの部分と比べて妙にキレイだったのだ。

目を凝らしてよく見てみると、そこは以前、メイドが灯油ランプの油をこぼした場所だった。

染色工場では当然さまざまな布地を扱っていたのだが、シルクやウールなどの天然素材の布は、水で洗うと縮んだり色あせが起きてしまうことが悩みだった。一か所だけキレイだったそのテーブルクロスを見た時、これは工場で使えるのではないかと思いついたのだ。

ジョリーは、有機溶剤ベンゼンを使ったドライクリーニングの手法を開発した。そして、フランスのサンマルタンに初のドライクリーニング店を開いたのである。1855（安政2）年のパリ万博にも出展し、ドライクリーニングは世界各国へと広がっていったのである。

日本にクリーニングの技術が普及したのは明治時代の中期だといわれている。当時の長崎にあった外国人屋敷で西洋式の洗濯法を学んだ人物が、横浜でクリーニングの店を開いたのがはじまりだという。

それまでの日本では米のとぎ汁や灰汁を使って洗濯をしていたため、人々は洗剤を使った西洋式のクリーニングの威力に驚いたという。

ドライクリーニングを導入したのは１９０６（明治39）年に創業した白洋舎の五十嵐健治だ。水を使わず衣類をキレイにする洗濯方法のことを知ると、これをぜひ日本にも広めたいと考えた。

そうして研究を重ね、ドライクリーニングの手法を確立した五十嵐は、１９０７（明治40）年には東京の大井にドライクリーニング工場を開設している。

明治の中期といえば、日本人の衣類はまだまだ着物が多かったはずだ。着物の素材には絹や麻が多く使われている。簡単に、しかも生地を傷めずに〝洗濯〟できるドライクリーニングが、人々に喜ばれたであろうことは想像に難くない。

それはここからはじまった！〈街のあれこれ〉

◉食品サンプル

日本独特の文化である食品サンプルの起源には諸説あるが、有力なのは1932（昭和7）年に事業を開始した株式会社岩崎が始めたものではないかというものだ。それまでも食品模型は存在したが、創業者の岩崎瀧三が蝋《ろう》細工を使ってよりリアルに作ったのが食品サンプルのはじまりだという。それが当時流行し始めた百貨店などの食堂の店先に飾られ、全国に広まっていった。

◉案山子《かかし》

もともとは「嗅がし」（かがし）という言葉からきている。昔は動物を追い払うために人間の毛を焼いたものや、ぼろ布、イワシの頭などを竹に挟んだりして田んぼや畑、畦道などに立てていた。臭気や煙で鳥や獣を近づけないようにしていたことから「嗅がし」という言葉が生まれ、それが転じて「案山子」になったという。人の形によって鳥獣を怖がらせるようになったのは、後のことである。

◉キャバクラ

フランスのエンターテインメント施設がルーツで、パリでは歌やダンスなどのショーを酒を呑みながら楽しんでいた。その影響で戦後の日本の都市でもキャバレーが林立し、銀座や新宿といった繁華街で繁盛した。その後1970年代になって、キャバレーから「キャバクラ（キャバレークラブ）」が派生していくのだが、10年後には（ホステスの）女子大生ブームに乗って若者たちが夜な夜な店に繰り出していく。

◉スケートボード

1950年代に、アメリカ・カリフォルニア州のサーファーたちの間で生まれた。波がない日でもサーフィンをしたいと、板にローラースケートのホイールを取りつけたのがはじまり。その後、操作性が大幅に向上し、プールやボウルを使った「バーティカル・スケート」（縦の壁を使った滑走）が人気になる。２０２１（令和3）年の東京オリンピックでは正式種目となった。

◉エレベーター

紀元前3世紀にアルキメデスが設計した「巻き上げ装置」がはじまり。ロープと滑車を使って人や物を上下させる仕組みで、手動だった。その後、蒸気で動かすシステムが開発され、１８８０（明治13）年に入ると、ドイツで電動エレベーターが誕生する。その10年後に、日本で初めて電動エレベーターが東京・浅草の凌雲閣に設置された。

◉地下鉄

世界で最初の地下鉄が通ったのは、１８６３（文久3）年のロンドン。全長6キロメートルの区間を蒸気機関車で走っていた。その後、電気駆動列車が開発されたが、日本では１９２７（昭和2）年に「浅草駅～上野駅間」（現在の東京メトロ銀座線）が開通している。アジアでは最初の地下鉄だった。全長約2・2キロメートルで、車両は電動車両だった。トンネルは、地面を掘ってトンネルを造ってから地上を再び覆う「カット・アンド・カバー方式」が採用された。

◉交番

1874（明治7）年に、東京府に「巡査派出所」という制度が導入されたのがはじまり。2人〜3人一組で、24時間交代で勤務するのが基本で、警察官が交代で立番をする場所だからというのが名前の由来。日本独自のこのシステムは世界的にも評価され、「KOBAN」の名前でアメリカやシンガポールなどで導入されている。ちなみに、交番のトップは交番所長と呼ばれる。

◉古書店（街）

『浮世草子』などの娯楽本が流行った江戸では、多くの貸本屋や中古本を扱う書店が増えて古書店街ができた。その後、明治に入って大学や専門学校が続々と誕生するのに伴い、周辺には古本屋が林立するようになる。当時の本は高額で、学生は進級する度に本を売って学費や生活費の足しにしていた。東京・神田の古書店街はそれを象徴する存在で、基盤は江戸時代にできた。

◉アウトレットモール

1980年代のアメリカで、メーカーやブランドものを扱っていた業者が過剰在庫や型落ち品、ちょっとした欠陥がある商品を処分するのに、工場や倉庫の一角を利用して「アウトレットストア」を始めたのが起源。通常の小売価格よりも安かったので、人気が急上昇した。日本では、1993（平成5）年に埼玉県ふじみ野市にオープンした「アウトレットモール・リズム」が最初。

4章

大人の教養としての奥深き食のルーツ

風味、食感を損なわない「冷凍食品」に詰め込まれたアイデアの話

現代の子育て世帯の多くは両親は共働きで、子どもは学校や塾、習い事に忙しい日々を送っている。一から手づくりした食事が毎回食卓に並ぶという状況は物理的に無理があると言っていいだろう。

そこで大活躍するもののひとつが冷凍食品だ。ひと昔前の「冷食ものは美味しくない」というイメージは影も形もない。彩りや栄養バランスもよく、なにより味がいいのが冷凍食品だ。

現代人の食卓を支える冷凍食品のはじまりは、アメリカの実業家であるクラレンス・バーズアイによるものだ。当時、毛皮の取引に関わっていたバーズアイは、1912（明治45）年から4年間、カナダを拠点に活動していた。

カナダでの生活のなかで日常的に見かける風景のひとつに、カナダの先住民族

であるイヌイットたちが釣ったばかりの魚や、獲ったばかりのカモの肉などを戸外の雪の中に埋めるという習慣があった。

そのようなやり方で凍らせた魚や肉は、時間が経ってから解凍して食べても風味や食感が損なわれていなかった。また、野菜であっても寒さが厳しい時期に凍らせたものと、少し気温が上がってきた時期に凍らせたものとでは、前者の方が各段に美味しかったのだ。

実は１９００年代のアメリカにおいて、日持ちのしないいちごジャムを冷凍して輸送するということがすでに始まっていた。しかし、冷凍そのものの技術や解凍方法にはこれといった工夫はなく、味の劣化は避けられなかった。

イヌイットたちが暮らすカナダの冬の最低気温はマイナス10度から20度にもなり、過去にはマイナス60度以下になった記録も残っている。つまり、戸外に置かれた食材は極度の低温にさらされて急速に凍るのだ。

このことからバーズアイは、冷凍食品の風味には「完全に凍るまでの時間」が関係しているのではないかと考えた。

バーズアイはカナダでの経験を活かし、1925（大正14）年に急速冷凍の技術で特許を取得した。第一次世界大戦後、さっそく急速冷凍した魚を市場に卸す事業を始めて大成功したのである。

数年後には立ち上げた会社を売却し、巨大な富を手にした。後にゼネラルフーヅとなった会社では、彼の功績に敬意を表してバーズ・アイという冷凍食品ブランドを立ち上げている。

バーズアイが着目したイヌイット式の冷凍保存方法は、今日まで続いている冷凍食品の礎となっている。そして現在まで、バーズアイの名は彼が開発した冷凍食品のブランド名として毎日の食卓に上り続けているのだ。

マクドナルドのブランドを決定づけた「ビッグマック」誕生の裏側

世界中で愛されるファストフードの雄・マクドナルド。2024（令和6）年、日本では過去最高の業績をあげるほど、ますます存在感を高めている。

バズりやすいCMを打ち、季節ごとの限定メニューを販売することでもおなじみだが、やはり固定ファンの心をつかんで離さないのはこだわりのレギュラー商品だ。

なかでもマクドナルドの看板商品といえば、やはり「ビッグマック」だろう。

この商品の生みの親は、アメリカのピッツバーグでフランチャイズのオーナーとしてマクドナルドを経営していたジム・デリガッティという人物である。

いまひとつ経営がうまくいっていなかった彼は、どうすれば売上げが伸びるか考えていた。自分の店はもちろん、マクドナルドブランド全体を盛り上げる何かいいアイデアはないものか……。

そうしてひらめいたのが、新しいバーガーの開発だった。試行錯誤を繰り返し、何度も本社へのプレゼンにトライした結果、二段重ねの大きなバーガーにチャンスを見出した。

3枚のバンズに、100パーセントのビーフパティが2枚、そこへレタスやオニオンなどの野菜を合わせ、チーズと特製のソースで仕上げる。

1968（昭和43）年、「ビッグマック」と名づけられたこのボリューム満点のバーガーを自分の店で販売したところ、売上げは12パーセントもアップしたのだ。

日本にマクドナルドが上陸したのは、3年後の1971（昭和46）年のことだが、そのきっかけになったのもビッグマックだった。

後に社員となるある男性スタッフは、シカゴのマクドナルドでビッグマックを2個たいらげた。そのあまりの美味しさに、彼は日本マクドナルドの創業者の藤田田に日本での展開について太鼓判を押したという。

その後、日本でもマクドナルドの代名詞となったビッグマックだが、今ではビッグマックの値段で各国の経済力をはかる「ビッグマック指数」なる指標も生まれている。

というのも、ビッグマックは世界各国でほぼ同じ原材料でつくられているため、物価の比較がしやすいのである。

ただ大きすぎるあまり、スマートに食べにくいのが唯一の難点で、「さかさまに持つ」「一度つかんだらそのままの形で最後まで食べ切る」など、さまざまなコツが出回っているが、躊躇なく潰すのが世界では主流だ。この豪快なバーガーは、豪快に食べてこそ味わい深いのである。

「シャインマスカット」が爆発的ヒットに至るまでの顚末

艶やかなグリーンの大粒の実と爽やかな香り。日本で販売されるぶどうで近年最も人気の品種のひとつといえるのが「シャインマスカット」だ。

渋さがまったくなく皮ごと頰張れるなど、爆発的ヒットの要因はいろいろあるが、このぶどうを誕生させるまでには長い年月を要している。

もともとマスカットは「マスク＝麝香《ジャコウ》の香り」という意味を含んだ、ぶどうのなかでも最高峰の品種だ。ちなみに、高級メロンのマスクメロンも同じ由来である。

シャインマスカットの親は「ブドウ安芸津《あきつ》21号」と「白南《はくなん》」で、「ブドウ安芸津21号」はスチューベンとマスカット・オブ・アレキサンドリアを掛け合わせたものだ。一方の「白南」は、カッタクルガンと甲斐路を掛け合わせている。

このうちアメリカ原産のスチューベン以外はすべて欧州種である。つまり、欧州種の特徴である品質の良さに、アメリカ種の特徴である栽培のしやすさを加えたものが、シャインマスカットなのである。

広島で交配がはじまったのは1988（昭和63）年のことだが、完成までは苦難の連続だった。

ぶどうの栽培にはやや乾燥した場所が適しており、多雨多湿の日本の気候は、どちらかといえば不向きである。味の良さと栽培のしやすさを両立させるのは、もともと日本でのぶどう栽培の課題だった。

糖度18パーセント以上、種なしで皮ごと頬張れて、さらに病気にかかりにくい――。目指す品種の完成には交配から20年近い月日を要し、正式にシャインマスカットが品種登録されたのは、なんと2006（平成18）年だったのである。

ぶどうの香りは収穫後にはしだいに減少していくのが当たり前だったが、シャインマスカットは10度前後で貯蔵すると香りが維持されることがわかっており、品質保持の技術も向上している。

一方で、中国や韓国といった海外への不正流出を止められず、その損失は年間で100億円にものぼるともいわれている。

長い年月をかけて生み出された至宝の果物が、今後も気軽に消費者の口に入るよう願うばかりだ。

うなぎとどんぶり飯を組み合わせる「うな丼」という奇跡

夏の土用の丑の日とくれば、まずは「うなぎ」だ。

江戸時代の学者である平賀源内が、丑の日に「う」のつく食べ物を食べると夏負けしないと言ったら、うなぎ屋の売上げが上がったとか、埼玉県の浦和辺りはかつてうなぎの産地で、沼畔にある老舗のうなぎ屋が行楽の客らに蒲焼を出したのが知られるようになったとか諸説あるが、ここでは茨城県龍ケ崎市にある、知る人ぞ知る「うな丼」発祥の地を取り上げてみよう。

龍ケ崎市の西側には牛久沼があり、この沼の東側を北上する水戸街道（国道6号線）沿いは古くから「うなぎ街道」と呼ばれている。創業数十年の老舗のうなぎ専門店が軒を連ねる一角だ。

また、ＪＲ常磐線の龍ケ崎市駅西口ロータリーには、牛久沼の案内板が設置され、そこにはうなぎのイラストとともに「うな丼発祥の地」と書かれている。同市の観光物産協会のサイトも、この沼がうな丼発祥の地だと謳っている。

龍ケ崎市がその根拠としているのが、大久保今助にまつわる、うな丼伝説だ。江戸時代の後期に、江戸の日本橋境町で芝居などの資金を提供する金方《きんかた》をしていたのが今助だ。

彼は、故郷の（現在の）茨城県常陸太田市に帰る途中、牛久沼のほとりにある掛茶屋で渡し舟を待ちながら好物のうなぎの蒲焼と、どんぶり飯を頼んだ。

ちょうど食べようとしたその時だった。「舟が出るよ〜」と声がかかったので、船出に間に合わないとあわてた今助は、どんぶり飯の上に蒲焼の載った皿を逆さにかぶせて舟に持ち込んだ。

そして、対岸に着いてから土手に腰を下ろして食べたところ、蒲焼は熱いご飯に蒸されて軟らかくなり、たれもほどよくしみ込んでいて、今まで食べたどのうなぎよりもうまかったという。

その後、今助は江戸に戻る時に、その話を掛茶屋にして「うな丼」をつくってもらい、それを掛茶屋が売り出したらこれが大当たりして水戸街道の名物になったというのだ。

ちなみに、今助が自分の芝居小屋で出す重詰めの代わりに、ご飯に蒲焼を載せてある重箱を取り寄せて出したところ、それが江戸でうな重として広まっていったという説もある。

今助は水戸藩から扶持を得る身分で、9代藩主の擁立運動では斉昭を擁立しようとする改革派と対立していたというが、この話はどこまで本当なのか、はっきりしていない。

1981（昭和56）年に発行された『塵塚談　俗事百工起源』（小川顕道、宮川政運著、神郡周・校注解説、現代思潮社）には、うなぎ飯は文化年間に大久保今助より始まるとある。

「今助の工夫にて、大きなる丼に飯とうなぎを一処に入れ交ぜ、蓋《ふた》をなして飪《じん》にて用いしが、いたって風味よろしとて、みな人同じく用いしが始めなりと云う。今はいづれの鰻屋にても丼うなぎ飯の看板のなき店はなし」

としているが、この随筆集は考証を経ていないため伝承の域を出ない。

当時、今助が注文したであろうとされる牛久沼で1902（明治35）年創業のうなぎ屋は今も営業を続けているが、登録商標の制度がなかった時代のことである。通説と考えるのが妥当かもしれないが、大久保今助が関わっていることには、どうやら信憑性がありそうだ。

「マヨネーズ」誕生の陰にあった18世紀の世界大戦とは？

戦争が多くの尊い人命を奪い、国家や都市にも甚大な被害を与える行為であることは間違いない。一方で、歴史においては科学技術の革新的な進歩を生み、結果的に文化芸術の発展にも寄与してきたことは事実としてある。ここで取り上げるマヨネーズも、戦争が生んだ副産物という側面がある。

18世紀中ごろのヨーロッパでは、史上初の世界大戦とも位置づけられる「七年戦争」が繰り広げられていた。

フランスの貴族リシュリュー公は、イギリス領となっていたスペインのメノルカ島の奪取作戦に赴いた。幸いにして包囲作戦が成功し、メノルカ島を手中に収めたリシュリュー公は、港町のマオンに立ち寄りレストランで食事をとった。

そこで出されたのが、薄い黄色のソースがかかった肉料理だ。さわやかな風味のソースが肉料理に合い、リシュリュー公は大変気に入ったのだという。材料を聞けば、卵黄とレモン汁にオリーブオイルという実に地中海らしい料理だ。

そこでリシュリュー公はレシピを教えてもらうと、戦闘での勝利の喜びとともにフランスに持ち帰って楽しんだ。

地中海の小さな港町の郷土食だったソースは、「マヨネーサ（フランス語でマオンのソースの意味）」と呼ばれ、それが語源となってマヨネーズとなり、ヨーロッパ中に広まっていった。

マヨネーズが日本に普及したのは、1人の日本人がアメリカから持ち帰ったことによる。彼こそがキユーピー株式会社の創始者である中島董一郎《とういちろう》だ。

1912（明治45）年に農商務省の海外実業実習生としてアメリカに派遣されていた中島は、アメリカの一般家庭の食習慣として、生野菜や温野菜のサラダにマヨネーズをかけて食べていることに注目した。

卵黄が使われたマヨネーズは、美味しいだけではなく栄養価も高い。これは日本人の栄養補給の役に立つはずだと考えた中島は、帰国後に製品化をめざして開発を進めたのである。1925（大正14）年の発売当初は、食卓の調味料としてではなく、魚料理などに使うソースとして扱われた。

第二次世界大戦中は原料不足で販売停止となるも、戦後の洋食ブームの到来とともに、一般家庭でも広く使われるようになっていった。そして現在では「マヨラー」という言葉も生まれるほど、国民的人気を博す存在になったのである。

インドの「カレー」がやがて日本の〝国民食〟となるまで

伝統的な日本食といえば何を思い浮かべるだろうか。寿司、味噌汁、蕎麦など、育った環境によってさまざまな料理名が挙がるだろう。しかし、海外から見た日本の伝統料理といえば、カレーライスだったというから驚きだ。

伝統的な料理に関する体験型旅行サイト「TasteAtlas」が発表した世界最高の伝統料理ランキングでは、日本のカレーライスが堂々1位に輝いたのである。

そもそもカレーは、18世紀にイギリスが植民地としていたインドから持ち帰ったものだ。インドのスパイスが効いたカレーをイギリス風にアレンジして、欧風カレーを考案したものが世界中に広がったのである。

日本にカレーが伝えられたのもそのイギリスからだった。1858（安政5）年の日米修好通商条約の締結によって横浜港が開港しているが、翌年に横浜にやって来たイギリス商船の乗組員によって日本に伝えられたのである。

とはいえ、日本全国に急速に普及したとはいえず、港周辺の限定的な珍しい料理という位置づけだった。それが一般的になったのは明治の文明開化以降のことである。

1871（明治4）年には、会津白虎隊の一員で、後に東大総長となった山川健次郎がアメリカ留学に向かう船の中で「ライスカレー」を食べたという記録がある。公式には、山川が初めてカレーライスを食べた日本人だとされているのだ。

その頃、イギリスからカレー粉が輸入され、肉食も解禁されている。

西洋料理のレシピを紹介する本には、カレーライスのつくり方も載っている。

1877（明治10）年には、東京の銀座で「ライスカレー」を提供する店も登場した。

また陸軍幼年学校や農学校では、給食として取り入れられている。

大正時代になると国産のカレー粉も登場し、高級洋食だったカレーライスもぐっと大衆化した。しかし、カレーライスを今日のような手軽な国民食に押し上げたのはカレールウの登場だ。

第二次世界大戦後の1945（昭和20）年に、オリエンタルからインスタントのカレールウが発売されると、その圧倒的な手軽さを武器に一般家庭に急速に広まったのである。

今日では、辛さのレベルだけでなく、具のバリエーションやルウの色もさまざまで、日本各地の郷土食との融合や、海外のカレーなど、まさに世界中のありとあらゆるカレーを日本にいながらにして楽しむことができる。

食を楽しむことにおいては世界屈指の国民性という事情も相まって、カレーライスはまだまだ進化を続けていくのである。

明治時代、日本史上初めて「チョコレート」を食べた人たちとは？

日本でチョコレートが年間を通して一番売れる時期といえば、毎年2月のバレンタインだ。女性から男性に好意を伝えるイベントとして始まったものだが、海外では贈り主は女性に限らず、しかも贈り物も花束やメッセージカードなどの思い思いのギフトが選ばれる。

「バレンタインにチョコレート」というのは日本独特のもので、バレンタインの習慣を日本に持ち込むとともに、「バレンタインにはチョコレートを」という新聞広告を打った洋菓子店のモロゾフの戦略だった。まさにブランディングの大勝利である。

愛を伝えるにはぴったりの甘くて美味しいチョコレートだが、そもそも中南米のカカオ豆をすりつぶして作った苦い飲み物である「チョコラトル」が起源だという。チョコラトルとは現地の言葉で「苦い水」という意味を持っている。

大航海時代のヨーロッパで活躍したスペインのフェルナンド・コルテスはアステカ王国に到達して、王が飲んでいるチョコラトルに出会った。よく泡立てられたチョコラトルが純金の盃に注がれ、うやうやしく献上されるその様は、回顧録にも記されているほど印象的なものだった。

交易によりスペインに持ち込まれたチョコラトルだが、その名の通り苦く、粉はざらざらとしてけっして美味しいとはいえないものだった。そこで、ハチミツや砂糖を加えて甘くしてスペイン風にして楽しんだのである。

アステカ原産の秘密の飲み物として、チョコラトルは100年以上スペインが門外不出としていた。しかし、1600年代になるとイタリアやフランスに伝わり、少しずつヨーロッパに広まっていった。

イギリスでは「チョコレートハウス」が登場し、上流階級の人々がチョコレートドリンクを飲みながら交流する社交場として人気となった。

日本人で初めてチョコレートを食べたのは、1873（明治6）年に遣欧使節団大使としてフランスを訪れた岩倉具視だとされている。

製法やカカオ豆の産地などの情報は「特命全権大使米欧回覧実記」に記されているが、残念ながらその時の感想は残されていない。一緒にチョコレート工場を訪れた木戸孝允、伊藤博文、大久保利通らとともに、初めて味わうチョコレートとはどんな味だったのかと想像するのも面白い。

その後、日本でチョコレートが一般に広まったのは、1918（大正7）年に森永製菓がカカオ豆から製品までを一貫して製造することで価格を抑えたものを発売してからだ。

日本人にチョコレートが愛されているとはいっても、国別の消費量で見るとヨーロッパ各国には遠く及ばない。消費量世界1位のスイスでは、多くの国民が毎日のようにチョコレートを食べるのだという。

加えて、ヨーロッパではチョコレートは単なるお菓子ではなく、食べられる芸術品のような位置づけもされているのだ。

フランス・パリで開催されるチョコレートの祭典サロン・デュ・ショコラ　パ

リで行われるチョコレートの世界大会「ワールド チョコレート マスターズ」では、世界各国の一流パティシエたちが、味覚、芸術性、技術を競い合う。

美術品や宝石と見まごうばかりの美しいチョコレートが集まる様子は、その昔、貴族たちに珍重され、愛されたチョコレートドリンクの輝きをほうふつとさせるのである。

熱い思いに裏打ちされた「カルピス」の生みの親・三島海雲の生涯

１９２３（大正12）年９月１日に起きた関東大震災。この未曽有の大地震による家屋の倒壊や火事で東京は焼け野原となった。その翌日の９月２日、４台のトラックを使って焼け出された人々に飲み物を配り歩いた人物が三島海雲だ。今でも愛されるカルピスの生みの親である。

中国で雑貨商事業を行っていた三島は、取引のために内モンゴルを訪れた。そこで体調を崩した三島にふるまわれたのが、遊牧民族たちが日常的に飲んでいた酸っぱい乳「酸乳」だった。飲んでいるうちに少しずつ弱った胃腸が回復し、体調が良くなっていくのがわかったという。

この〝健康効果〟を実感した三島は、日本に帰国した後、酸乳の研究をスタートさせた。そして失敗を重ねながらも、美味しくて体にいいカルピスの開発にこぎつけたのだ。

カルピスが現代まで売れ続けるロングセラーになったのは、美味しくて体にいい乳酸飲料というだけが理由ではない。名づけやキャッチコピー、はては企業のブランディングなど、現代のコンサルティング顔負けの企業戦略があったのだ。

まず、カルピスというネーミングだが、カルシウムのカルと、サンスクリット語を組み合わせたカルピス、カルピル、カルビスの3つの案に絞り込まれた。

最終決定の際にアドバイスしたのは、かの有名な作曲家の山田耕作だった。語呂がいいという理由から推した山田の意見に従って、新商品は「カルピス」と名づけられたのだ。

さらに、広告を打つ際のキャッチコピーも当時としては冒険だった。甘酸っぱい、さわやかな味がまさに初恋の味であるということから、慎重論を振り切って「初恋の味」が採用された。賛否あることを覚悟で収益をあげる現代の商法にも似たやり方である。

このようなチャレンジングな広告を打つ一方で、新しい商品に信頼性を持たせるためには企業のイメージそのものを大衆にアピールするべきという信念のもとに、さまざまなイベントや文化活動も熱心に行った。結果として、企業のイメージアップとともに、カルピスの人気も高まっていったのである。

単なる企業戦略としての活動だけではなく、三島は高い奉仕精神も持ち合わせていた。冒頭の関東大震災のエピソードは、国利民福、つまり国家の利益となり、人々の幸福につながる事業を為すという三島の生涯の目標を体現している。

その熱い思いに裏打ちされたことこそが、カルピスが単なる目新しい商品に終わらず、今もなお老若男女問わずに愛され続ける理由なのかもしれない。

幕末の日本に「ラムネ」が登場したことからわかること

薄い緑色をした透明な瓶が、氷を浮かべた水桶に何本も入っている――。夏の日の風物詩のひとつが、よく冷えたラムネだ。子どもの頃の夏祭りの屋台や駄菓子屋の店先で、ビー玉を押し込んで、シュワッとあふれる炭酸水を飲んだ思い出がある人も多いだろう。

まさに昭和の夏といった風情だが、日本でラムネが登場したのは1865年（慶応元、元治2）年だといわれている。それまでも炭酸飲料は存在しており、1853（嘉永6）年にアメリカのペリー提督が浦賀にやってきた際に持ち込んだという説もある。

ペリーの持ち込んだ炭酸飲料は、いわゆるレモネードで、黒船の艦上で交渉相手の奉行たちをもてなすためにふるまわれた。ガラス瓶に入った炭酸飲料のコルクを抜く際に出たポンッという音に驚いて、刀に手をかけた武士もいたという。
１８６５年には、長崎の藤瀬半兵衛が外国人居留地で売られていたレモネードの製法を学び、売り出した。それが「ラムネ」という名前で広まったのがはじまりだ。名前の由来はレモネードを縮めたものである。

ラムネといえば、その最大の特徴は独特の形の瓶だが、発売当初はキュウリのような形をした瓶にコルク栓がはめられ、それをワイヤーで固定しているものだった。それが現在のような形になったのは、明治時代に入ってからのことだ。
瓶の中にビー玉が入ったユニークな形の瓶を発明したのは、イギリスのハイラム・コッドだ。ラムネの炭酸ガスの圧力で、内側からビー玉を押し上げて栓をする画期的な方法はヨーロッパでまたたく間に広がった。日本でも製造されるようになると、ラムネの瓶として定着したのである。

ところでラムネともうひとつ、人気の炭酸飲料といえばサイダーだったが、実はこのふたつの味はとくに変わらない。異なるのはその容器で、１８８７（明治20）年に登場したサイダーが金属製の蓋をはめた容器に変わった後で、ガラス瓶にビー玉の蓋をしたものをラムネ、金属蓋のものをサイダーとして区別するようになったのだという。

ラムネは第二次世界大戦が終わって、暮らしが西欧化するとともに後発のコカ・コーラをはじめとした炭酸飲料やジュースに人気を奪われていった。しかし、近年ではレトロブームの影響もあってか人気が復活しているのだという。スーパーなどでも手軽に買えるようになっている。

夏、浴衣、花火といったハッシュタグをつけたSNS投稿にもラムネはよく登場する。カランカランというビー玉の音も涼しげで、その懐かしいビジュアルとともに夏の「映える」アイテムとしてのニーズも高いのだ。

カツレツが日本で進化を遂げて「とんかつ」「かつ丼」になるまで

明治時代の幕開けとともに、日本には西欧の文化が一気に流れ込んできた。料理はそのうちの大きなもののひとつで、日本人の食卓はそれまでとは違って一気に様変わりしたといえるだろう。

とんかつは、その時に入って来た西洋料理を日本風にアレンジしたものだ。もとになった料理は「ホールクコットレッツ」「ポーク・カットレット」と呼ばれた肉料理だ。フランス料理のコットレッツは、薄切りにした仔牛の肉にパン粉をまぶしてからバターで炒め焼きにして、デミグラスソースをかけていただく。

日本では仔牛の肉はなじみがなく、豚肉や鶏肉で代用した。それが、「カツレツ」という料理になって今も西洋料理のメニューのひとつになっている。

ちなみに初めて豚肉のカツレツ、つまりポーク・カツレツを考案したのは、東京の銀座に今も残る老舗西洋料理店・煉瓦亭の創業者である木田元次郎だ。１８９９（明治32）年に、天ぷらの技術を利用して日本人好みの肉料理を考え出したのである。

現在も煉瓦亭では「元祖ポークカツレツ」の名前で提供されており、当時の姿のままの料理を楽しむことができるのだ。

とんかつは、そのカツレツをさらに日本風に進化させた料理だ。薄切り肉ではなく、ある程度厚みのある豚肉を使い、パン粉をまぶすまでは同じだが、炒め焼きではなくたっぷりの油で揚げて仕上げる。

カツレツが西洋料理のメニューなのに対して、とんかつは和食の色が濃いメニューだ。山盛りのキャベツを添えるのも日本ならではの特徴である。

とんかつという名前を初めて使ったのは、1921（大正10）年、新宿にある「王ろじ」であるという説と、1929（昭和4）年、上野の「ぽんち軒」だという説がある。

とんかつといえば、もうひとつの代表的な料理が、かつ丼だ。とんかつをご飯にのせたかつ丼は1918（大正7）年に東京の早稲田にある蕎麦屋・三朝庵の店主が、学生のアイデアをもとに生み出したという。

近年まで営業を続けて早稲田大学の学生に愛されていた三朝庵だが、2018（平成30）年に惜しまれつつ閉店した。

いずれにしても、西洋のものを取り入れて日本風にアレンジしたものが大ヒットするという日本人おきまりの成功パターンといえる。食に対するこだわりは世界随一ともいえる国民性は、ひとつの料理から何種類もの素晴らしいアイデアメニューを生み出してきたのである。

「ラーメン」が全国区になったのは、関東大震災がきっかけだった!?

カレーライスと並ぶ日本の国民食はと聞かれたら、ラーメンと答える人も多いだろう。昼食は毎日ラーメンと決めている人や、美味しいと評判の行列店やご当地ラーメンの食べ歩きがライフワークという人もいる。

ラーメンはもはや食べ物の枠を超えて、ひとつの日本文化ともいえるかもしれない。

ラーメンは、そもそも中華料理のひとつとして伝わった。中国からいつ頃、日本にその中華麺が伝わったのかははっきりしていないが、１６６５（寛文５）年の水戸藩で、徳川光圀が中華麵を食べたという記録が残っている。城に招かれた中国の儒学者が、光圀の歓待に対する礼として汁そばをふるまったのだという。これを日本人と中華麵のファーストコンタクトとする説もある。

一般の国民の口に入るようになったのは、明治時代になってからのことだ。流行は外国の文化からという当時のセオリー通り、まずは港町・横浜の南京街（中華街）に南京そばの屋台が登場したのである。

それまでの日本で屋台のそばといえば夜鳴きそばだった。夜になると独特の売り声とともに温かいそばを売り歩いていた夜鳴きそばだが、横浜ではこれがラーメンの屋台に様変わりし、チャルメラという笛とともに人々に浸透していった。

ちなみに、昭和世代には懐かしいチャルメラはもともと中国の飴売りが客寄せのために使っていた縦笛だった。それがいつしかラーメンの屋台で使われるようになったのだという。

当初は外国人街の中にとどまっていたラーメンだが、政府の条例改正により居留地が廃止されたことで、日本人が暮らす地域にも広まった。そして１９１０

（明治43）年には、東京の浅草に初のラーメン店となる来々軒が誕生した。中華麺を使って日本人向けにアレンジされたメニューは評判を呼び、一大ラーメンブームを引き起こしたという。

ブームとはいっても、横浜や東京などの都市に限られた存在だったラーメン店が全国各地に広がったきっかけは、関東大震災だった。被災したラーメン店が各地に散らばっていったのだ。

それ以降、各地方にそれぞれ特徴を持ったラーメンが生まれ、日本三大ラーメン都市といわれる味噌ラーメンの札幌、とんこつラーメンの博多、あっさり目の醬油ラーメンの喜多方をはじめとして進化を遂げたのである。

アメリカ発の「チキンナゲット」と日本の深いつながり

チキンナゲットは、お弁当や夕食のメニューでも大人気の鶏肉料理だ。軟らかく加工されているため子どもでもお年寄りでも食べやすく、チルドや冷凍食品の種類も多い。

チキンナゲットといえばマクドナルドのそれが浮かぶと思うが、開発したのはたしかにマクドナルドの商品開発部の社員だった。しかし面白いのは、その開発に日本が深く関わっていたことである。

マクドナルドの本社に勤めていたフランス人シェフのルネ・アレンは、新メニューの企画開発に携わっていた。鶏肉を使ったメニューというテーマは決まっていたものの、なかなか名案が浮かばない。

そこで思い浮かんだのが、日本料理の天ぷらだった。食材に天ぷら粉をまとわせて揚げることで、より美味しく口当たりの良い料理に生まれ変わる。天ぷらをヒントにして、鶏肉をより美味しく軟らかく揚げられる粉を開発したのである。

実はチキンナゲットは、マクドナルドでの開発の20年ほど前の1963（昭和38）年、アメリカのコーネル大学の教授だったロバート・ベイカーによって原型が開発されていた。

鶏肉を細かく切ったり、ひき肉にしたりして衣をつけて揚げたものだが、ベイカーは特許などを取らず、誰しもがこの製法を自由に使えるようにしたのだという。

アレンはこのベイカーの製法をベースにして天ぷらの食感を追求し、今では全世界に愛される「チキンマックナゲット」の開発に成功した。そして１９８０（昭和55）年にアメリカのマクドナルドで発売されると、たちまち人気メニューのひとつとなったのである。

日本では１９７１（昭和46）年に東京の銀座にマクドナルドの１号店が開店した。その後は１か月に１店舗という驚異的なペースで新店舗が各都市に開店し、マクドナルドの人気はどんどん高まっていた。

そして１９８４（昭和59）年には、本国に遅れること４年で日本でもチキンマックナゲットが発売されている。軟らかく揚げた鶏肉に好みのソースが選べるというメニューは大好評となり、同年の雑誌のヒット商品番付にも掲載されるほどのブームになったのである。

それはここからはじまった！〈食べ物〉

◉辛子明太子

辛子明太子はスケトウダラの卵を加工したものだが、もともとは朝鮮半島でキムチやコチュジャンと同様に食べられていた。昭和のはじめ頃から九州の下関にも輸入されていたのだが、第二次世界大戦後、朝鮮半島で育った川原俊夫（博多の「ふくや」の創業者）が現地の味を再現したうえで日本人の口に合うように加工したものが徐々に評判となる。このことから「元祖」が下関なのか、博多なのかはいまだ決着がついていない。

◉もんじゃ焼き

東京の下町の味であるもんじゃ焼きは、「文字焼き」という江戸時代末期にあった子どもの食べ物がルーツだ。駄菓子屋の奥にあった鉄板で、小麦粉を溶いて甘みをつけた生地を焼く。その際、文字を書くように焼くことで、楽しみながら字を覚えることができた。今でいう遊べるお菓子の原型のようなものだ。戦後、駄菓子屋が激減したことで文字焼き文化がなくなることに危機感を抱き、月島に数軒のもんじゃ焼きの店が開かれ、大人も楽しめる料理に進化したのである。

◉鉄火巻き

鉄火巻きの名前は、賭博場を意味する「鉄火場」からきている。マグロを細切りにしたネタを包んだ細巻きは、江戸時代末期から明治のはじめ頃、賭博場で手を汚さずに食べられることから好んで食べられていたというのが起源だという。もうひとつの説としては、当初の鉄火巻きのネタはマグロの身を小さく崩したものだったので、「身を持ち崩す＝鉄火場」というシャレから名づけられたという。

◉がめ煮

いろいろな材料をがめつく鍋に放り込むことからこう呼ばれるようになった。九州の博多の郷土料理で、「がめ」は方言の「がめくり込む」（寄せ集めるの意味）が由来とする説が有力。朝鮮出兵の際に九州に着陣した豊臣秀吉が、「がめ」（同じく博多弁でスッポンのこと）と野菜をごった煮にして食べたことに由来するという説もある。一般には「筑前煮」の名で知られる。

◉メロンパン

表面のひび割れがマスクメロンの表皮に似ている、ポルトガル語やスペイン語の「メロン」や「メレンダ」（おやつ）がなまった、メロンの果汁やエッセンスが使われていたから、など名前の由来は諸説ある。ただ、形がメロンに似ているからというのが有力のようだ。

◉八宝菜

中華料理の一種で、八宝菜の「八」は8種類という意味ではなく「多くの」の意味を持つ。豚肉やエビ、イカ、シイタケなどいろいろな食材を利用している。もともとは、宮廷の料理人が余りものを利用して作ったのを、西太后が知らずに食べてしまったところおいしかったので、数々の〝宝〟を集めて作ったから八宝菜と名づけたという。

◉はんぺん

元禄時代の神崎屋茂三郎が考案したというのが有力。当時は「テンプラ」と呼ばれ、椀の蓋の半分を使って作っていたため、半円形だった。漢字だと「半片」となり、そこからはんぺんと呼ばれるようになった。当時はタイやサメのすり身を使い、ふわっとした食感が江戸庶民の人気を集めた。

◉土手鍋

語源は、「土手下の鍋」。江戸時代にカキの養殖をしていた広島の商人が、大阪の河岸に船を停めてカキを売っていた。やがてそのカキを鍋にして客に出したところ大繁盛した。上方では、河岸の土手の下で売られている鍋、ということで土手鍋と呼ばれるようになった。

◉今川焼き

地域によっては大判焼きとか黄金焼きなどと呼ばれるが、一説によると、江戸の神田に架かる今川橋あたりで商売をしていた屋台が、橋の名前を冠して売っていた。そのうち人気が出て庶民に広まったという。ちなみに、戦国大名の今川義元に由来しているという話もあるが、これは伝説らしい。

◉大学イモ

昭和初期に東京大学（当時は帝国大学）の赤門前にある芋店が、揚げたさつまいもに蜜を絡めて売ったら学生や教授に飛ぶように売れた。大学前で売っているイモということでこの名前がついたという。大学生が学費を稼ぐために売っていたという説もあるが、いずれにしても「大学」にちなんでいるようだ。

◉竜田揚げ

奈良県の生駒市や斑鳩町を流れる竜田川は、古くから紅葉の名所として和歌や短歌に詠まれてきた。竜田揚げはその竜田川にちなんで名づけられている。鶏肉やサバ、イワシを醤油とみりんで味つけし、片栗粉をまぶしてから揚げるので、から揚げよりも赤みがかった色が特徴。この揚げ色が紅葉に映える竜田川を連想させることから「竜田揚げ」と呼ばれるようになった。

◉タルタルソース

エビフライやフライドチキンなど、揚げ物の定番のソースといえばタルタルソースだ。マヨネーズをベースに、刻んだピクルスやケッパー、玉ねぎ、パセリ、ゆでたまごなどを混ぜたソースは、13世紀ごろにヨーロッパに侵攻したモンゴル系遊牧民族である「タタール人」(Tartare) に由来している。彼らには古くから牛や馬の肉を生で食べる習慣があり、これがタタール人が食べていたステーキということで「タルタルステーキ」と呼ばれるようになり、フランス人たちがこの生肉料理にかけるソースをタルタルソースと言うようになったらしい。

◉バッテラ寿司

サバを使った押し寿司の一種であるバッテラ寿司。由来は、ポルトガル語の「バッテーラ（bateira）」にある。この単語は「小舟」や「ボート」を意味するのだが、すし飯の上に酢と塩で〆たサバが載っている形が舟に似ていることから、この名がつけられたといわれている。新鮮なサバが手に入りにくかった大阪で、塩〆にすることで保存性を高め、味を引き立てる手法が生まれた。

◉小松菜

カルシウムや鉄分、ビタミンCが豊富で、冬の野菜として欠かせないのが小松菜だ。東京都の江戸川区にある「小松川」という地名が由来となっている。もともとは中国から伝わった野菜で、日本の各地でも食べられていた。なぜ、小松菜と呼ばれるようになったのかというと、徳川第3代将軍の家光が小松川を訪れた際に地元の農民がこの菜を献上したところ、家光はいたく気に入り、小松川にちなんで「小松菜」と名づけたという。それからこの地域で広く栽培されるようになり、「小松菜」と呼ばれるようになった。

5章

身近なモノのいまだ解けない謎の「はじまり」を追う

「ポイントカード」というすごい仕組みを実現した人たち

「ポイントカードはお持ちですか？」

買い物をするたびにレジの店員が呪文のように繰り返すセリフだ。財布の中がさまざまな店のポイントカードであふれているという人も多いだろう。近年では、スマホのアプリがポイントカードの役割を果たすものも増えている。

お得に買い物をしたいならぜひ持っておきたいのがポイントカードだが、その起源はアメリカにある。

1850（嘉永3）年頃、仕入れの数を間違ってしまい、大量の在庫を抱え込んでしまった洗濯石鹸の小売業者がいた。一計を案じたその業者は、石鹸の包装紙にクーポンを貼り付けた。そして、そのクーポンを何枚か集めると、絵画と交換できるというサービスを始めたのだ。

日用品である石鹸を買うと絵画がもらえるというのは、当時の消費者にとってはかなり魅力的だった。その反響についての詳細は不明だが、その後似たようなシステムが増えたことを考えると、好評だったことがうかがえる。そして、後にクーポンではなくスタンプをためると商品に交換できるというスタイル、つまりポイントカードが誕生したのである。

１８９６（明治29）年には、ポイントカードシステムそのものを生業とする会社が現れた。スタンプカードを発行して商品に換えるというシステムをそれぞれの会社に提供するやり方だ。

今も昔も、モノではなく、仕組みそのものを売るというのは、時代の先端をいく儲け話に目をつけた賢いやり方である。ポイントカードは１９１０年代にはガソリンスタンドにも導入され、その10年後にはスーパーマーケットにも広がっていったのである。

日本でポイントカードを初めて導入したのは、１９１６（大正5）年の北九州市の久我呉服店だとされているのだが、そのサービスの内容についての詳細は残っていない。

その後、ポイントカードが広く知られるようになったきっかけは、１９２８（昭和３）年に江崎グリコが始めた引換証システムだ。お菓子の中に入っている引換証を20枚集めると景品がもらえるという仕組みだった。その景品とは明治天皇の和歌集だったという。

ただし、アメリカのようなシステム化されたポイントカード事業が登場するには時間がかかった。これは、日本の流通システムの発展が遅れたことが原因だと考えられる。

１９６０年代初頭には、日本初のボランタリーチェーンである食品卸の丸善商店を営んでいた春日節雄が、購入額に応じたサービス券を発行するシステムを始めた。その仕組みを全国に広めるために事業を発足して、１９６３（昭和38）年にはグリーンスタンプ株式会社が誕生している。

グリーンスタンプの設立には、松下幸之助をはじめとした実業家たちが関わっている。それ以降、日本の社会に急速にポイントカードシステムが広がっていったのである。

その画期性で時代を塗り替えた「マジックテープ」の話

小さな子どものスニーカーには必ずといっていいほど使われているのが面ファスナーとよばれるテープだ。重ねるだけで貼り付くため、ヒモを結んだりボタンを留める必要がない。

その起源は1948（昭和23）年のスイスにある。スイスの電子工学者だったジョルジュ・デ・メストラルは、愛犬を連れて山に狩猟に出かけた。ふと愛犬の体に目をやると、木の実のようなものがたくさんくっついていることに気づいた。自分の服を見てみると、そこにも同じように木の実がついていた。

帰宅して顕微鏡で見てみると、その実は表面にたくさんの鉤《かぎ》がついた野生のゴボウの実だった。実の表面を覆う無数の鉤が、犬の毛や洋服の表面に絡みついていたのである。

この仕組みを元に、メストラルが考えついたのが面ファスナーだった。何年もの試行錯誤を繰り返したのち、特殊なナイロンを利用した鉤とループでくっつく面ファスナーが完成したのである。

1952（昭和27）年にはスイスに会社が設立され、面ファスナーの生産が始まった。一方で、ライセンス契約や現地法人の設立によって世界中に販路を広げていく。

日本の面ファスナーは、現在のクラレの前身である日本ベルクロ社が「マジックテープ」という名前で1960（昭和35）年に販売を始めている。面ファスナーのことを「マジックテープ」と呼んでいる人は多いが、実はマジックテープとは、日本の株式会社クラレの登録商標なのである。

魔法のテープという意味の名前の通り、重ねるだけでくっつくテープは画期的な商品で、1964（昭和39）年に開業した東海道新幹線の客席にあるヘッドレストのカバーを留めるのに採用された。国家的なプロジェクトとして日本の経済成長の象徴ともなった東海道新幹線に取り入れられた技術として、マジックテープは一躍脚光を浴びることになるのである。

その後は、布の接着にとどまらず、工業用、産業資材用などの開発も進み、身の回りのさまざまな場面で使用されるようになっていった。小さな子どもやお年寄り、身体が不自由な人まで、ユニバーサルデザインには欠かせない存在となったのである。

持ち運びに便利な「折り畳み傘」が誕生するまでの裏事情

年々暑さを増す日本の夏だが、今や女性だけでなく男性も日傘をさして歩く姿を見かけるようになった。その傘の歴史は非常に古く、今から5000年以上前の紀元前3000年頃のエジプトやメソポタミア、中国などで使用されていた記録が残されている。

傘のそもそもの用途は、神の像の上に掲げる祭礼のための道具だったようだ。一般的に使用されるようになった後は、王侯貴族が外出する際に家臣たちがさしかけて、日よけのために使われた。

現在のように雨傘が使われるようになったのは、ヨーロッパでは18世紀末頃とかなり遅かった。実は雨傘の使用は、東洋のほうが早かったようで、日本にも500年頃には朝鮮半島から伝わったという。

鎌倉時代の絵巻物である「一遍聖絵《いっぺんひじりえ》」には、和傘や頭にかぶる笠が描かれているし、有名な「鳥獣戯画」にも蓮の葉を持ち、頭の上にさしかけたカエルの絵がユーモラスに描かれている。

晴れの日も雨の日も用途があり、その歴史も長い傘だが、より持ち歩きやすくした折り畳み傘の発明は1928（昭和3）年まで待たなければならない。開発者はドイツのハンス・ハウプトだ。

エンジニアだったハウプトは足が悪く、雨の日の外出時には杖と傘の両方を持つ必要があった。これを不便に感じていたハウプトは、持ち運びやすい小さな傘を作れないかと考えたのだ。

傘の骨組みを折り畳む仕組みを考案し、特許を取得したのは1928年のことである。そして、ドイツのKnirps（クニルプス）社が折り畳み傘の販売を開始したのである。

発売と同時に大ヒットとなった折り畳み傘は、ドイツからヨーロッパに広がっていった。当時のヨーロッパでは折り畳み傘を持つことが最先端のおしゃれとなり、雨の日のことを「Knirps Weather」と呼んだほどだ。

日本でも1950（昭和25）年頃にいくつかのメーカーによって折り畳み傘が開発されていた。

1954（昭和29）年に発売されたアイデアル社の折り畳み傘は、人気タレントの植木等を起用したCMの効果もあって、洋傘市場の3分の1を占めるほどの大ヒットとなったという。

折り畳み傘は、よりコンパクトに、より手軽にという視点で進化してきた。ワンタッチで開閉できるものや、スマートフォンより軽いもの、晴雨兼用の傘など、ニーズに合わせた製品開発が続いているのである。

車の「ワイパー」という発想の原点に何があったのか

雨の日のクルマの運転を安全に行うために欠かせないのが、ワイパーだ。雨が降れば当たり前のように使っているが、ワイパーゴムの劣化などで水切れが悪かったり、拭き残しがあると途端に視界が悪くなり、その重要性を痛感する。

自動車用のワイパーを開発したのは、アメリカ・アラバマ州で牧場経営などをしていた実業家のメアリー・アンダーソンだといわれている。

冬のニューヨークを訪れた際、アンダーソンは移動のために路面電車に乗った。その日は氷交じりの雨が激しく吹きつけるあいにくの天気で、フロントガラスに吹きつけた冷たい雨が凍ってしまい、電車の運転手が視界の確保に苦労していた。

ニューヨークの冬の平均気温は0度、夜間となるとマイナス10度を下回ることもあるという。雨が降れば凍り、当然雪も多かった。

その様子を見たアンダーソンはレバーとゴムを利用して、レバー操作で一往復させることでフロントガラスの水滴を除去する装置を思いついた。乗っていた電車内で夢中でスケッチを起こし、アラバマ州の自宅に帰った後、工場で試作を重ねた。彼女のワイパー装置は、1903（明治36）年に特許を取得している。

もちろんアンダーソンは、その特許をさまざまな自動車メーカーに持ち込んだが、採用するメーカーは現れなかった。ガラスを横切る装置が、かえって視界を遮って危ないという意見もあったという。

アンダーソンのワイパーに対する特許が切れた頃になると、彼女の設計を利用したワイパー装置を開発する自動車メーカーが現れ始める。これは、自動車の性能が上がってスピードが増し、フロントガラスに水滴や氷がついていることによる危険性が増したからだという。

そして1922（大正11）年には、キャデラック社がワイパーを標準装備した車を発売している。その4年後にはドイツのボッシュ社が電気モーターを使用した電動ワイパーの開発に成功、1930年代になるとフォード社が電動ワイパーを自社の車に標準装備した。

時代がようやくアンダーソンの発明に追いついた形だが、彼女にとっては実に悔しい思いだったに違いない。先見の明は発明には欠かせないものだが、それが早すぎても日の目を見るのに苦労するという好例だ。

しかし、アンダーソンが開発したワイパー装置が現在も交通安全に大きく貢献し、ドライバーの命を守っているのはまぎれもない事実なのである。

赤ん坊を乗せて運ぶ乗り物としての「ベビーカー」の誕生

おしゃれな外国製のバギーや双子用の大型タイプ、それに車用のベビーシート兼用のものやクラシックな乳母車まで、少子化にもかかわらずベビーカー市場の多様化はとどまるところを知らない。2023（令和5）年末には、坂道で減速するといったＡＩ制御での自動運転機能を備えた製品も登場した。

値段も千差万別だ。10万円前後の高級機種は「少子化だからこそ1人の子どもにお金をかける」いわゆるパワーカップルに選ばれているようだが、そもそもベビーカーは、セレブリティ達の間で生まれたものなのだ。

自分では歩けない赤ちゃんの移動手段として、「乗り物に入れて運ぶ」というやり方は中世ヨーロッパの時代から確認されている。それが、赤ちゃん用に特化したものとして初めて作られたのは、１７３３（享保18）年のイギリスにおいてではないかといわれている。

当時、有名な庭園デザイナーだったウィリアム・ケントに対して、第3代デボンシャー公爵から「子どもたちが庭で遊べる遊具を作ってほしい」という依頼が舞い込んだ。

第3代デボンシャー公爵とは、貴族院議員やアイルランド総督も務めたイギリスの名士である。そのデボンシャー公爵がロンドンのピカデリーに建っていたデボンシャー公爵邸を改修しようとしていたところ、火事に遭ってしまった。そこで、ウィリアム・ケントに再建を頼んだのである。

ケントが考案した遊具とは、貝殻形の車に引き具が付いているものだ。その引き具をポニーや犬、ヤギが引く。小さな馬車のようなものと考えればいいだろう。デボンシャー公爵邸を訪れた富裕層の間でその遊具はまたたく間に話題を呼び、庭園玩具として普及していった。

移動手段としてベビーカーを使うには、押すためのハンドルが重要だ。庭園玩具だった初期のスタイルからさまざまなデザインが生まれ、1840年代にはアメリカで木製のハンドルが付いたものが登場した。それが赤ちゃんの移動手段として利用されるようになったのだが、その人気が爆発したのは、イギリスのヴィクトリア女王やスペインのイザベル女王の注文を受けたことがきっかけだ。

外国のセレブ達がこぞって使っていたベビーカーを日本に持ち込んだのは、かの福澤諭吉だ。1867（慶応3）年に福澤がアメリカから持ち込んだベビーカーが、慶應義塾福澤研究センターに所蔵されている。

この赤いフレームに黒い幌がついたベビーカーは、当時の日本ではかなり目立ったことだろう。門下生たちが、福澤の子どもを乗せて押す姿も見られた。その後、日本では福澤が持ち込んだベビーカーを参考に幌つきの人力車が考案されたという。

潜在的ニーズをカタチにした「安全カミソリ」という革命

男性の身だしなみに欠かせないもののひとつが髭剃りだ。手ごろな価格の電気シェーバーも豊富にあり、好みに合わせて使っている人も多いだろう。一方で、ヘアカットの際に床屋で髭を剃ってもらう場合には、カミソリが使用されることが多い。

しかし、よく考えてみれば、赤の他人が自分の喉元によく切れる刃物を突きつけている状態というのは恐ろしいことではないだろうか。実際、安全カミソリが発明される以前、カミソリには「のど切り」という別名があった。

誰でも気軽に床屋で髭剃りをしてもらえるようになったのは、1800年代後半にドイツのカンフェ兄弟が鍬のような形をした安全カミソリを発明してからだ。「スター・レザー」と呼ばれたこのカミソリの特徴は、片側に楔《くさび》形のガードの刃が付いていることだった。カンフェ兄弟によってアメリカに紹介されたスター・レザーは、後にジレットによる使い捨てカミソリの発明につながっていく。

カンフェ兄弟の安全カミソリは、ガードが付いて安全にはなっていたものの、刃を研ぐ必要があったために利便性としては今ひとつのままだった。そこに目をつけたのが、アメリカの実業家キング・キャンプ・ジレットだ。

多くの成人男性にとって、毎日の髭剃りは欠かせない日課であり、簡単に使えて手入れの手間もいらない製品への潜在的なニーズは計り知れないものがあった。

ジレットがたどり着いた答えは、「簡単に交換できる刃が付いた安価なカミソリ」だった。カミソリのヘッド部分に取り付けられた刃は、安全に固定されてはいても、切れ味が悪くなったら簡単に交換することができる。

しかも安価に設定されたことで、家族内でも同じ刃を使わずに済むし、長期間同じ刃を使う必要もないので、感染症のリスクも減らすことができた。

ジレットは1901（明治34）年に特許を申請し、会社を設立した。そして、その2年後に世界初の替え刃式安全カミソリを発売したのである。製品の広告ポスターには幼い子どもが安全カミソリを使っている様子が描かれ、カミソリの安全性を訴えるものになっていた。

この革命的な製品の登場に世界中が注目し、発売後はまたたく間に数百万枚の替え刃を売り上げるまでに成長した。ジレットは、男性の日常生活を格段に快適にする製品を生み出し、その形は100年以上の時を経てもほとんど変わらずに愛され続けている。まさに世紀の大発明といっても過言ではないだろう。

目に装着する「コンタクトレンズ」は、いかに商品化されたか

インターネットの普及により、パソコン、スマホ、タブレットなどの利用時間

が増えるとともに、近視で悩む人も増えている。WHO（世界保健機関）によれば、２０１０（平成22）年時点では20億人弱だった世界の近視人口は、２０５０年までに世界人口の半分となる50億人まで増えるという。

近視と診断されたらまずは眼鏡をつくる人が多いと思うが、顔に異物を載せているという状況はうっとうしさもあるし、ファッション的にも嫌だと感じる人は少なくない。

そこで役に立つのがコンタクトレンズである。医師の診断の下に適切なものを選んで用法通りに使用すれば、視力が低下したことを忘れるくらい快適に過ごせる優れモノだ。若者世代には、コンタクトレンズに色や模様が入ったものも人気で、視力矯正目的ではない「盛れる」コンタクトレンズも種類が豊富になっている。

眼球に直接レンズを載せるというのは、一見荒業のようにも思える。事実、開発された当初のコンタクトレンズは、ガラス製のレンズを直接眼球に載せていたため、目が痛くなったり、角膜がふさがれて低酸素状態に陥ることもあった。

最初にコンタクトレンズを作ったのは、スイスの眼科医オーゲン・フィック博士である。ウサギの眼球で型を取ったレンズを、まずはウサギの目に装着させてみた。みごとに実験に成功すると、次は自分の目に入れて視力の矯正を試みたのである。

しかし短時間の装着でも目が充血し、快適とはいえなかったものの、1887（明治20）～1888（明治21）年に行われたこの実験によって、眼球に矯正レンズを載せるというコンタクトレンズの歴史が始まったのだ。

このフィックの実験は『アイネ・コンタクトブリレ』という本に記されており、この本の名前から「コンタクトレンズ」という名前が生まれたといわれている。

また、フィックとほぼ同時期に、ドイツの医学生アウグスト・ミュラーも自分の目に合わせたガラスレンズを装着する実験を行っている。あまりの痛みに30分ほどの装着が限界だったようだが、強度の近視だったミュラーの視力を矯正することには成功している。

現在のハードコンタクトレンズの原型であるアクリル樹脂製のレンズが発明さ

れたのは1938（昭和13）年のことだ。

ガラスレンズよりも装用感は大幅に改善したものの、酸素を通さない素材だったために長時間の使用には耐えられなかった。その問題を解決したのは、1970年代にRGPという酸素透過性が高い素材のハードコンタクトレンズが開発されてからだ。

さらに、1971（昭和46）年にアメリカのボシュロム社によってアクリル系ハイドロゲル素材で作られたソフトコンタクトレンズが開発されると、その装用感の良さからまたたく間に利用者が急増した。

近視の増加によって潜在的ユーザーは増える一方となるコンタクトレンズ市場は、まさに日進月歩という状況だ。AI技術を駆使したウェアラブル端末「スマートコンタクトレンズ」の開発も進んでいるという。

まさにSF世界の到来とも思えるが、そう遠くない将来には瞬きひとつでさまざまなことができる社会になっているかもしれない。

ボードゲーム「オセロ」は、実は、日本発祥だった

スマホやパソコンで楽しむゲームが普及した現在でも、ボードゲームをはじめとしたアナログゲームの人気も根強い。棋士の藤井聡太八冠が前人未到の活躍を続ける将棋のように、大人から子どもまでが対等に盤の前で向き合えるゲームは世代を超えたコミュニケーションとしても大きな役割を果たしている。

そのなかのひとつが、オセロゲームだ。マス目が引かれたボードの上に、両面が黒と白に塗り分けられた丸い駒を置き、自分の色の駒の数がひとつでも多くなった方が勝ちというシンプルなゲームだ。ルールも簡単なので、小さな子どもでも楽しむことができる。初めてのボードゲームがオセロゲームだったという人も多いのではないだろうか。

名前も見た目も洋風であることから外国発祥のゲームだと思われることもある

のだが、実はオセロゲームは日本人が考案して製品化したものなのだ。

考案者は当時、中外製薬のセールスマンだった長谷川五郎だ。営業先の医師と碁を打つ機会が多かったのだが、なかなか勝負がつかなければ肝心の仕事の時間が短くなってしまう。そこで考えたのが、当時普及していた「源平碁」を元にしたゲームだ。

牛乳瓶の蓋の片側に墨を塗った駒を使って試行錯誤を重ねた末、1970（昭和45）年頃に完成させたゲームを東京のゲーム会社であるツクダに持ち込んだ。こうして1973（昭和48）年に製品化された「オセロ」はまたたく間に大ヒット商品となったのである。

オセロの名前の由来は、シェイクスピアの戯曲「オセロ」だ。黒人の将軍オセロと白人の妻デズデモーナを中心に、裏切りが裏切りを呼ぶ内容がゲームの内容にピッタリだとして、長谷川の父親である英文学者の長谷川四郎が名づけたという。

発売と同時に大人気となったオセロだが、同年には帝国ホテルを会場にした全日本オセロ選手権大会が開催され、日本オセロ連盟も設立された。

初代のオセロゲームは現在でも販売されている。それ以外にも、マグネットタイプやコンピューター版、持ち運べるタイプや2人以上で対戦できるもの、人気のキャラクターとのコラボや立体駒を使ったものなど、シンプルなゲームだからこそのバラエティ豊富な製品が販売されている。

1977（昭和52）年からは世界大会も行われており、その人気は世界規模に成長している。

ただし、オセロゲームの成立については、そのアイデアがどこから来たのか、参考にしたゲームは何だったのかについて異論が多いのも事実だ。シンプルなぶん、似たようなゲームも世界中にあるためにあいまいになっている部分も多い。

それでも、オセロゲームが世界中で愛されていることだけはまぎれもない真実なのである。

それはここからはじまった！〈身近なモノ〉

◉使い捨てカイロ

アメリカ軍の兵士たちは水筒に鉄の粉と食塩を入れて鉄の酸化を促し、その化学反応の際に生み出される熱を利用する仕組みの携帯用フットウォーマーを使っていた。そこに目をつけたのが日本企業の旭化成工業だ。初期の製品は鍼灸院などで販売されており、それをロッテ電子工業が改良して「ホカロン」の名で全国販売を開始したのである。

◉Tシャツ

カジュアルウエアの代表格であるTシャツの起源は意外と古く、19世紀のヨーロッパだといわれている。第一次世界大戦では欧州の兵士たちが綿素材の肌着を着ており、それを真似て米国の兵士たちのために作られたものが現在のTシャツの原型となった。マーロン・ブランドやジェームス・ディーンといったハリウッドスターが着用したことで、単なる肌着から「若者の象徴」となり大流行した。

◉ジーンズ

ジーンズは19世紀のゴールドラッシュの時代に、鉱山労働者の作業着として誕生した。ドイツの移民だったリーバイ・ストラウスはテントなどに使うキャンバス地を労働者に販売していた。リベット留めを施して補強したワークパンツを考案したヤコブ・デイビスがストラウスに売り込みをかけ、共同で特許を取得。デニム生地にリベット留めが特徴的なジーンズの原型が誕生したのである。

◉バンドエイド

紡績工場で働いていたアール・E・ディクソンは、料理のたびに小さなケガをする妻のために「医療用テープにガーゼを組み合わせた製品」を思いついた。この自分でケガの手当てができるアイデアは上司に気に入られ、1921（大正10）

年に「バンドエイド」として製品化された。その後、バンドエイドは会社の主要商品に成長し、ディクソンはジョンソン・エンド・ジョンソンの副社長にまで昇り詰めた。

◉カトラリー

人間は道具を使う生き物で、太古の遺跡からもその痕跡が発見される。食事の時に使うカトラリーについても、古くは石器時代に鋭角に研がれたナイフを使っていたことがわかっている。古代エジプトやローマ時代の遺跡からはスプーンも出土した。フォークを広めたのはフランスの太陽王ルイ14世だ。栄華を極めたルイ14世の宮廷で正式に採用され、ヨーロッパ中に広まったのである。

◉ストロー

紀元前のメソポタミアでは、麦の茎を使ってビールを飲んでいた。18世紀には黄金（銀やブロンズ）のストローが登場し、上流階級で人気があった。その後、紙製のストローが発明され、プラスチックのストローが登場する。

◉マスク

古代エジプトやギリシャでは、ホコリや煙などを防ぐために布で顔を覆ったりしていたが、インパクトがあるのは、不気味な鳥のくちばしの形をしたマスクだ。14～17世紀にヨーロッパを襲ったペスト（黒死病）では、防護服を着た医師たちがこの〝ガラス型マスク〟を着けていた。発明したのは医師のシャルル・ド・ロルムで、マスクの中にはミントやバラの花びらが詰められていた。その後、感染症対策としてのマスクが発展し、使い捨てマスクが一般的になったのは１９６０（昭和35）年代から。

◉缶切り

缶詰はナポレオンの時代にできたが、この時にはまだ缶切りはなく、斧やハンマーで開けていた。その後、イギリスでナイフのような形をした缶切りが発明され、回転式の缶切から横回転式缶切りが、そして安全缶切りが登場していく。１９６０年代からは缶の一部を引き上げると開くプルタブ缶がお目見えして、今ではこの缶切りが一般的になっている。

【参考文献】

『面白いほどよくわかる　発明の世界史』（中本繁美監修／日本文芸社）、『戦後昭和史　図解団塊の世代』（木村章一／インテリスト　A－1事業部）、『飛行機　１０１の謎』（白鳥敬監修／河出書房新社）、『塵塚談　俗事百工起源』（小川顕道、宮川政運著、神郡周・校注解説／現代思潮社）、『鉄道　１０１の謎』（梅原淳監修／河出書房新社）、『プロパガンダ・ポスターにみる日本の戦争』（田島奈都子／勉誠出版）、『10大ニュースに見る戦後50年』（読売新聞世論調査部編／読売新聞社）、『雑学帝王５００』（北嶋廣敏／ＫＡＤＯＫＡＷＡ）、『なんでも「はじめて」大全　人類と発明の物語』（スチュワード・ロス著、西田美緒子訳／東洋経済新報社）、『図解カリスマ家庭教師　榎本勝仁の文房具フル活用術』（榎本勝仁／辰巳出版）、『カラダと健康その「常識」は非常識』（湯浅景元／日本文芸社）、『バラ肉のバラって何？』（金澤信幸／講談社）、『人類の歴史を変えた発明１００１』（ジャック・チャロナー編／ゆまに書房）、『まるごとわかる「モノ」のはじまり百科　全5巻』（山口昌男監修／日本図書センター）、『１０００の発明・発見図鑑』（ロジャー・ブリッジマン著、小口高、鈴木良次、諸田昭夫監訳／丸善）、読売新聞、日本経済新聞ほか

【参考ＨＰ】
戦後日本のイノベーション１００選、みんなの経営応援通信、国際留学生協会、ＮＨＫアーカイブス、レスポンス 25th、JBpress、乗り物ニュース、nippon.com、全国カラオケ事業者協会、J-Net21、建設未来通信、寿司ウォーカー、元祖廻る元禄寿司、DCS online、NHK NEWS

WEB、コンビニウォーカー、日本統計機株式会社、BRUTUS、株式会社北村サンプル、郵政局、Alpen Group Magazine、GAZOO、ベストカーWeb、ミツカン水の文化センター、中川政七商店の読みもの、日本経済新聞、クラレファスニング株式会社、静岡大学同窓生によるリレーエッセイ、livedoor News、YAHOO! JAPANニュース、日本電子公証機構、日刊SPA!、PRTIMES STORY、TOTOウォシュレットテクノ株式会社、GREENSTAMP、モダンメディア 61巻3号、日本獣医師会、厚生労働省、白洋舍、ウェザーニュース、ポニークリーニング、農林水産省、駒込家、全国辛子めんたいこ食品公正取引協議会、やまや、日本マクドナルド株式会社、新横浜ラーメン博物館、ArtPlaza Times、有限会社吉田勝吉商店、倉敷鉱泉株式会社、ハタ鉱泉株式会社、トンボ飲料、Asahi、日本チョコレート・ココア協会、ストア・エキスプレス、meiji、GODIVA、S&Bカレー．com、プラスデジタル、日テレNEWSNNN、ハウス食品、kewpie、全国マヨネーズ・ドレッシング類協会、Nitto、Dig-it、United Athle、ウェブサイト「環」、3M、小林製薬 桐灰カイロ、日本カイロ工業会、CBC web、メガハウス、KOKUYO、Menicon、レファレンス協同データベース、貝印、Gillette、知財図鑑、GetNavi web、GIZMODO、森町観光ナビ、冷食ONLINE、日経XTECH、宮城県水産高校、オリンパスグループ、コトバンク、Weblio、農耕機構、朝日新聞デジタル、読売新聞オンライン、一宮モーニング、DIG-IN、日本ハンバーグ協会ほか

※本書では、文中に登場する人物名の敬称を略させていただきました。

青春文庫

ひとつ上《うえ》のビジネス教養《きょうよう》
モノの由来《ゆらい》
世《よ》にも意外《いがい》な「はじまり」の物語《ものがたり》

2024年12月20日　第１刷

編　者　知的生活追跡班《ちてきせいかつついせきはん》

発行者　小澤源太郎

責任編集　株式会社プライム涌光

発行所　株式会社青春出版社

〒162-0056　東京都新宿区若松町 12-1
電話 03-3203-2850（編集部）
03-3207-1916（営業部）
振替番号　00190-7-98602

印刷／三松堂
製本／ナショナル製本
ISBN 978-4-413-29866-7

250年前にタイム・スリップ！
見てきたようによくわかる
蔦屋重三郎と江戸の風俗

浮世絵、出版事情、吉原の謎、江戸の外食ビジネス……〝江戸のメディア王〟が躍動した時代の人々の楽しみがわかる。

日本史深掘り講座［編］

（SE-863）

腹横筋ブレスで「お腹《なか》」がスキッとしまる！

ぽっこりつき出たお腹や、わき腹肉も、「腹横筋ブレス」の呼吸とストレッチで解消。あっという間にくびれウエストになる！

長坂靖子

（SE-864）

〝うのみ〟にしてたら、恥をかく
日本人の常識

白黒つけたら、ぜんぶウソだった！　2月と8月は景気が悪い。赤ワインは冷やさない…ほか　大人なら知っておきたい新常識

話題の達人倶楽部［編］

（SE-865）

ひとつ上のビジネス教養
モノの由来
世にも意外な「はじまり」の物語

世界を変えた大ヒット商品のルーツから、奥深き「食」の源流、身近なモノの起源の謎まで——そこには、奇跡の誕生が待っていた。

知的生活追跡班［編］

（SE-866）